Keine Zeit zum Brot backen?

Maike von Richthofen

Keine Zeit zum Brot backen?

Du backst das!

Nach eigenem Zeitplan backen
mit vielen Step-Fotos

EMF

EIN BUCH DER
EDITION MICHAEL FISCHER

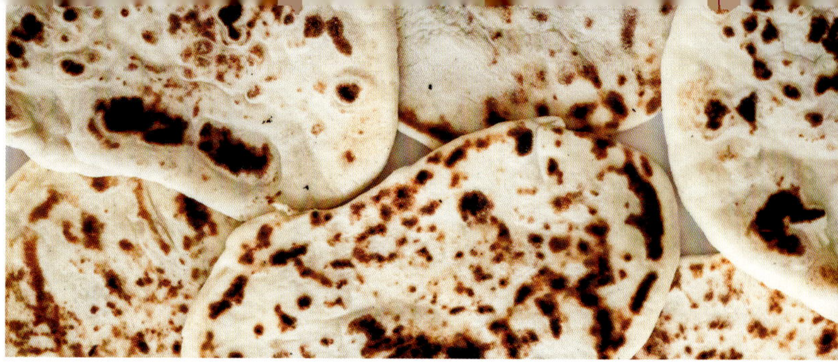

Inhalt

REZEPTE MIT WEITEREN ZUTATEN & VORSTUFEN 85

BROTE ALS MAHLZEIT 115

BROTE FÜRS FRÜHSTÜCK 147

Vorwort

Du möchtest trotz vieler Termine im Alltag dein Brot selbst backen? Du hast aber noch nicht den richtigen Ansatz gefunden oder die Rezepte erscheinen dir zu komplex?

Ganz genau so ging es mir auch. Nach vielen Backversuchen und Broten möchte ich dir hier meine gesammelten Erfahrungen weitergeben und zeigen, wie du mit einem unkomplizierten, aber wandlungsfähigen Brotrezept das Brotbacken nicht nur einfach erlernen, sondern vor allem gut in deinen individuellen Alltag integrieren kannst.

Der Schlüssel dazu ist das einfache Grundrezept – mein **BasisTeig**. Dieser kommt mit wenigen Zutaten und Arbeitsschritten aus, sodass der Ablauf übersichtlich bleibt und du sofort den Wechsel zwischen den kurzen aktiven Phasen, bei denen du den Teig bearbeitest, und den passiven Phasen, in denen der Teig die Arbeit allein macht, verstehst. Auf diese Weise wird das Brotbacken schnell zu deiner Routine und kann einfach im Alltag „mitlaufen".

Wie so ein Backablauf aussehen kann, zeige ich dir nicht nur Schritt-für-Schritt im Grundlagenteil, sondern gebe dir zur besseren Orientierung beispielhafte Zeitpläne mit an die Hand. Im Kapitel Backplanung wartet der zweite wichtige Schlüssel auf dich. Hier erfährst du, wie du die Gehzeiten an deinen individuellen Alltag anpassen kannst. Einmal verinnerlicht, kannst du so jedes Rezept auf deinen Tagesablauf abstimmen.

Brotbacken ist kein Hexenwerk. Es macht nicht nur große Freude, das selbst gebackene Brot aus dem Backofen zu holen, sondern der Duft und Geschmack von frisch gebackenem Brot ist einfach purer Genuss!

Also ran ans Werk, habe Mut, Neues auszuprobieren, auch wenn nicht immer gleich alles perfekt gelingt.

Ich wünsche dir viel Freude beim Brotbacken,

Maike

P.S.

Ich freue mich, wenn du mir deine Backergebnisse auf Instagram zeigst, indem du mich mit **@justbread.de** markierst.

Die Grundlagen

Im Grunde ist Brotbacken einfach und doch gibt es einige Grundlagen zu beachten, damit am Ende ein gutes Brot aus dem Backofen kommt. In diesem Kapitel erfährst du, wie der Teig richtig geknetet und geformt wird und wann er reif zum Backen ist. Außerdem zeige ich dir verschiedene Zeitabläufe, damit das Brotbacken in deinen individuellen Alltag passt.

Ausstattung

Für den Anfang kann man auf viele vorhandene Arbeitsmittel aus der Küche zurückgreifen. Solltest du regelmäßig dein eigenes Brot backen, gibt es weiteres Zubehör, das die Arbeit erleichtert und die Ergebnisse noch mal verbessert.

DIE WICHTIGSTE GRUNDAUSSTATTUNG

KÜCHENWAAGE

Genaues Arbeiten ist für ein gutes Brot eine Grundbedingung. Daher erfolgen alle Mengenangaben in Gramm.

THERMOMETER

Die Raum-, Teig- und Backtemperatur hat auf den gesamten Prozess und das Ergebnis großen Einfluss, daher ist ein Raumthermometer ein sehr wichtiges Hilfsmittel.

TEIGSPATEL

Mein am häufigsten genutztes Hilfsmittel. Mit einem Teigspatel lässt sich der Teig schonend von der Arbeitsfläche lösen und in Form bringen, ohne dass sich etwas verzieht. Es gibt flexible und feste Teigspatel.

SIEB ODER SCHÜSSEL

Für das zweite Gehen in der späteren Brotform benötigt der Teig etwas Unterstützung. Dafür ruht er am besten in einer passenden Form. Hier kannst du zunächst ein Sieb oder eine Schüssel verwenden, die du mit einem bemehlten Tuch auslegst. Später eignen sich dazu Gärkörbchen noch besser (siehe nächste Seite).

BACKBLECH

Für den Anfang können das Brot oder die Brötchen erst mal auf einem mit aufgeheizten Backblech gebacken werden. Wer gerne und regelmäßig backt, kann über die Investition in einen Backstein/Backstahl und/oder einen gusseisernen Topf (siehe nächste Seite) nachdenken.

BACKOFEN

Ein gutes Brot braucht viel gleichmäßige Hitze. Daher sollte der Backofen mit der Ober-/Unterhitze-Funktion und einer Temperatur von mindestens 250 °C ausgestattet sein.

KNETMASCHINE

Die Teige können auch von Hand geknetet werden. Aber gerade im Alltag erleichtert eine Knetmaschine das Kneten des Teiges. Außerdem werden Weizenteige durch eine Knetmaschine besser und effizienter ausgeknetet.

EINSTICHTHERMOMETER

Die Teigtemperatur sowie die Kerntemperatur beim Backen haben einen großen Einfluss auf das Backergebnis. Aus diesem Grund ist die Nutzung eines Einstichthermometers sehr hilfreich.

WERTVOLLES ZUBEHÖR FÜR NOCH BESSERE BACKERGEBNISSE

GUSSEISERNER TOPF
Das Backen in einem gusseisernen Topf bringt nach meiner Erfahrung die besten Backbedingungen und Ergebnisse im normalen Haushaltsbackofen. Der gusseiserne Topf speichert die Hitze gleichmäßig und durch den kleinen Backraum muss man zudem nicht bedampfen/schwaden. Topfgröße für 750g–1kg Brot Ø 25cm, für 500g–750g Brot Ø 21cm.

BACKSTEIN/BACKSTAHL
Der Backstein/Backstahl speichert die Hitze im Backofen deutlich besser als ein einfaches Backblech. Dadurch bekommt das Brot mehr Hitze von unten, was für einen guten Ofentrieb sehr wichtig ist. Zusätzlich muss das Brot bedampft werden.

KASTENFORM
Das Backen in einer Kastenform bietet sich besonders für Toast- oder Briochebrote an. Je nach verwendetem Material und seiner Stärke wird die Backzeit beeinflusst und kann von den gemachten Angaben abweichen. Das Material sollte lebensmittelecht und für hohe Backtemperaturen geeignet sein (z. B. Formen aus Metall oder Stahlblech).

BACKPAPIER/DAUERBACKFOLIE
Mit Backpapier oder Dauerbackfolie lassen sich die Teige einfach in den heißen gusseisernen Topf heben oder auf dem Backstein noch mal verschieben.

TEIGWANNE
Die Teigwanne ist deutlich platzsparender als eine Schüssel. Der Teig ruht luftdicht abgeschlossen, er lässt sich darin gut dehnen und falten und durch die rechteckige Form leichter portionieren und weiterverarbeiten.

GÄRKÖRBCHEN
Für das zweite Gehen (Stückgare) ist ein Gärkörbchen von Vorteil. Wenn du mit einem gusseisernen Topf backst, sollten die Gärkörbchen von der Form und Größe zu deinem Topf passen. Es gibt sie in zwei Ausführungen: Peddigrohr und Holzschliff.

LEINENTUCH/BÄCKERLEINEN
Ein festes Leinentuch wird beispielsweise für die zweite Gehzeit bei Brötchen, Ciabatta oder Baguette verwendet und hält die Teiglinge in Form. Leinen eignet sich besonders gut, da es die Feuchtigkeit des Teiges sehr gut aufnehmen kann und der Teig dadurch nicht so leicht kleben bleibt.

WEITERES HILFREICHES ZUBEHÖR
Feinwaage, Backschieber, Abdeckhauben, Bäckermesser/Rasierklinge, Backofenhandschuhe ...

Kleine Mehlkunde

Die Standardgetreidesorten, die in den Rezepten verwendet werden, sind Weizen, Dinkel und Roggen. Prinzipiell unterscheidet man zwischen der Mehlsorte und der Mehltype.

DIE MEHLE UND IHRE BACKEIGENSCHAFTEN

Jedes Mehl hat andere Backeigenschaften. So entsteht eine Vielzahl an unterschiedlichen Backergebnissen und Broten. Aber nicht nur durch die Mehlsorte bekommt das Brot seinen eigenen Charakter, sondern auch durch die Mehltype gibt es Unterschiede in den Backergebnissen. So haben Vollkornbrote beispielsweise eine dichtere Krume und ein geringeres Volumen.

Die Mehltype wird in Deutschland über die Typenzahl auf den Mehlverpackungen gekennzeichnet. Sie gibt an, wie hoch der Mineralstoffgehalt in mg pro 100 g ist. Je höher die Typennummer, desto mehr Mineralstoffe sind im Mehl enthalten und umso kräftiger und rustikaler sind die Brote, die damit gebacken werden.

Vollkornmehle dagegen haben keine Typennummer, da hier das ganze Korn vermahlen wird und der Mineralstoffgehalt natürlichen Schwankungen unterliegt.

WEIZENMEHL

Weizenmehl hat sehr gute Backeigenschaften und ist daher das Standardmehl für Brot und Brötchen. Es sorgt für eine stabile Teigstruktur und kann Schüttflüssigkeit in der Regel gut aufnehmen.

DINKELMEHL

Dinkel ist zwar mit dem Weizen eng verwandt, hat aber eine nicht ganz so stabile Teigstruktur. Die Teige sind weicher und sollten deshalb schonender geknetet werden. Außerdem kann das Mehl nicht so viel Wasser aufnehmen, wodurch die Brote schneller trocken werden. Man kann die Backeigenschaften aber über Vorstufen oder andere Zutaten optimieren.

ROGGENMEHL

Roggenmehl ist mineralstoffreich und enthält gegenüber dem Weizen mehr pflanzliche Schleimstoffe (Pentosane). Reine Roggenteige haben ganz andere Backeigenschaften als Weizenteige. Sie benötigen viel Flüssigkeit und werden nicht geknetet, sondern nur vermischt und müssen versäuert werden. Daher wird Roggenmehl hier nur als Zusatzmehl verwendet.

VERWENDETE SPEZIALMEHLE

Für einige typische Brote habe ich Spezialmehle verwendet, die auf den Geschmack und die Teiganforderungen optimiert sind. (Beispiel: Baguette – das französische Mehl T65.) Die Rezepte können aber auch mit einem Standardweizenmehl 550 gebacken werden.

MEHL IST NICHT GLEICH MEHL

Mehl ist ein Naturprodukt, wodurch es saisonale und natürliche Qualitätsunterschiede gibt. Das betrifft vor allem die Wasseraufnahmefähigkeit. Es empfiehlt sich, die angegebene Flüssigkeitsmenge nicht komplett in den Teig zu geben, sondern vorerst einen Teil zurückzuhalten und diesen nur bei Bedarf während des Knetens hinzuzugeben.

MEHLE IM AUSTAUSCH

Solltest du nicht das passende Mehl zu Hause haben, kannst du es prinzipiell auch durch ein anderes ersetzen. Bedenke dabei aber, dass das Backergebnis ein anderes wird. Wichtig ist, dass du die jeweiligen Backeigenschaften beachtest und die Wasseraufnahmefähigkeit des Mehles und seine benötigte Knetzeit berücksichtigst.

Weitere Zutaten und ihre Eigenschaften

Jede Zutat und ihre Qualität hat Einfluss auf den Teig und das spätere Brot. Neben den vier Grundzutaten Wasser, Mehl, Hefe und Salz gibt es noch viele weitere Zutaten, die den Teig ergänzen können und das Brotbacken vielseitig und abwechslungsreich machen.

WASSER

In den Rezepten wird in der Regel kühles Leitungswasser von 17–20 °C verwendet. Nur bei sehr kalk- und chlorhaltigem Wasser sollte alternativ stilles Mineralwasser verwendet werden.

TRIEBMITTEL – HEFE

Hefe ist ein verlässliches Triebmittel und damit für einfache Brotrezepte sehr gut geeignet. Ich habe in allen Rezepten frische Hefe verwendet. Wenn du Trockenhefe verwendest, reduziert sich die angegebene Hefemenge auf ⅓.

SALZ

Salz gibt nicht nur Geschmack, sondern auch Struktur und Stabilität in den Teig. Verwendest du grobes Salz, solltest du es vorher in Wasser auflösen.

MILCH

Für die süßen Rezepte wird Wasser durch Milch ersetzt. Die Milch besteht nicht nur aus Wasser, sondern auch aus Fett, was für eine weiche und wollige Krume sorgt.

BUTTER

Sie kommt vor allem bei den süßen Rezepten zum Einsatz und unterstützt hier die wattige und weiche Krume. Butter lässt sich aus meiner Erfahrung am besten wachsweich einarbeiten.

EIER

Eier geben dem Gebäck nicht nur Farbe, sondern auch Volumen und eine weichere Krume.

ZUCKER

Zucker süßt nicht nur, er ist auch eine zusätzliche Nahrung für die Hefen. In größeren Mengen hemmt Zucker jedoch die Fermentation. Das ist unter anderem auch ein Grund, warum süße Teige einen etwas höheren Hefeanteil haben.

Der Weg zu einem guten Brot

Damit dein Brot gelingt, ist es wichtig, nicht nur das Rezept gut zu lesen, sondern auch auf ein paar Parameter zu achten, die großen Einfluss auf den Teig, die Gehzeit und das Backergebnis haben.

TEMPERATUR

Die angegebenen Gehzeiten im Rezept orientieren sich an einer Teigtemperatur von 22–24 °C und einer Raumtemperatur von 20–22 °C.

Sollte es bei dir wärmer sein, reifen deine Teige schneller und du musst mit einer kürzeren Gehzeit rechnen und umgekehrt. In den Sommermonaten kannst du daher lieber mit kühleren Zutaten arbeiten, wohingegen im Winter die Temperatur der Schüttflüssigkeiten eventuell etwas wärmer sein sollte.

Faustformel: Etwa alle 5 °C +/– halbiert/verdoppelt sich die Reifezeit.

TRIEBMITTEL

Das genaue Arbeiten und Abwiegen der Zutaten ist ebenfalls von Bedeutung. Wiegst du beispielsweise die Hefemenge nicht genau ab, verändert sich damit auch die Gehzeit deines Teiges.

Faustformel: Bei Verdopplung/Halbierung der Hefemenge, halbiert/verdoppelt sich in etwa die Reifezeit.

Ein weiterer Punkt ist die Aktivität deiner Hefe. Wenn du nicht sicher bist, ob deine Hefe genügend Triebkraft hat, kannst du 50g Wasser mit 3g Hefe, 3g Zucker und 10g Mehl verrühren und für 15 Minuten stehen lassen. Bei aktiver Hefe bilden sich viele Bläschen und das Volumen vergrößert sich.

MEHLQUALITÄT

Beim Mehl gibt es natürliche Schwankungen. Das bedeutet, dass nicht jedes Mehl gleich viel Wasser aufnehmen kann. Damit dein Teig nicht zu weich und damit schwierig in der Bearbeitung wird, ist es ratsam, einen Teil der Wassermenge zurückzuhalten und erst später bei Bedarf während des Knetvorgangs hinzuzugeben.

ARBEITSMITTEL/WERKZEUGE

Das Kneten der Teige wird in den Rezepten für eine Knetmaschine beschrieben. Da jede Knetmaschine etwas anders arbeitet, sind auch diese Angaben nur Richtwerte und müssen an das eigene Modell angepasst werden. Zu jeder Knetmaschine wird eine Empfehlung zu den Geschwindigkeitsstufen mitgeliefert. Du kannst die Teige natürlich auch von Hand kneten, musst dafür aber mehr Zeit einplanen.

Brotbacken Schritt für Schritt

Jedes Brot ist ein Unikat mit wiederkehrenden Arbeitsschritten. Damit du den Ablauf verinnerlichen kannst und lernst, deinen Teig richtig zu beurteilen, gehen wir jetzt den ganzen Prozess durch.

TEIGKUNDE – VOM KNETEN BIS ZUR BACKREIFE

DAS MISCHEN UND KNETEN

Am Anfang steht das richtige Kneten des Teiges. Beim Kneten gibt es zwei Phasen. In der ersten Phase, während des langsamen Knetens, werden die Zutaten vermischt, anschließend folgt das Auskneten des Teiges auf etwas schnellerer Stufe. Die Intensität und Dauer des Knetprozesses sind auf das verwendete Mehl abzustimmen (siehe Rezepte).

Notfall-Tipp

Ist der Teig zu weich geworden, kann man mit einer geringen Menge Flohsamenschalen (3–5 g) den Teig stabilisieren.

Hinweis

Durch die Reibung beim Knetvorgang wird der Teig erwärmt. Wichtig ist, dass er nicht wärmer als 26 °C wird, da sonst das Teiggerüst leidet.

DER FENSTERTEST

Mit dem Fenstertest kannst du prüfen, ob dein Teig fertig geknetet ist und somit ein gutes Teiggerüst gebildet hat, sodass dein Teig später gut aufgehen kann. Dazu nimmst du ein Stück Teig und ziehst dieses vorsichtig mit feuchten Fingern auseinander. Reißt der Teig direkt, musst du noch weiter kneten. Lässt sich der Teig gut ausziehen, ist dein Teig fertig geknetet. Auch von Hand geknetete Teige sollten den Fenstertest bestehen.

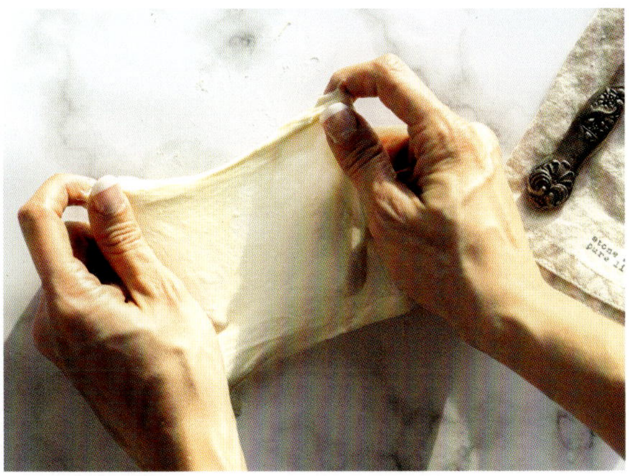

ERSTE GEHZEIT (STOCKGARE)

Nach dem Kneten folgt die erste Gehzeit, Stockgare genannt. In dieser Reifezeit geht die Entwicklung des Teiggerüstes weiter. Das Ende ist erreicht, wenn sich das Teigvolumen ca. verdoppelt hat und der Teig zudem mit Luftblasen durchzogen ist.

DEHNEN UND FALTEN

Mit dem Dehnen und Falten kannst du die Teigentwicklung und das Teiggerüst optimieren. Ziehe nacheinander den Teig von allen Seiten nach oben und falte ihn dann zur Mitte über den restlichen Teig. Dieser Schritt findet immer zu Beginn der ersten Gehzeit statt, damit sich der Teig anschließend noch mal ausreichend entwickeln und entspannen kann.

Hinweis

Diesen Schritt kannst du bei Zeitmangel weglassen.

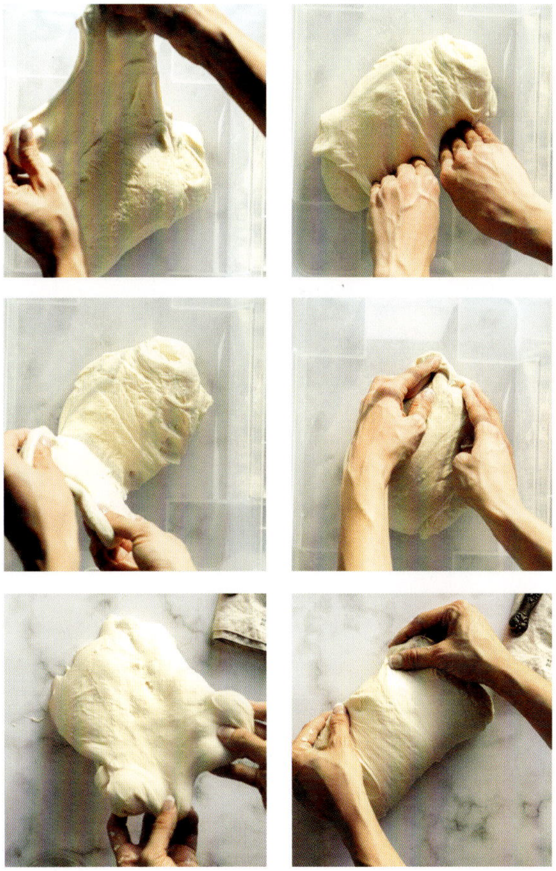

WEITERVERARBEITUNG DES TEIGES

Es gibt drei einfache Formen der Weiterverarbeitung: das einfache Abstechen der Teigportionen (beispielsweise beim Ciabatta), das Rundformen und das Langformen für Brote und Brötchen.

VORFORMEN UND ZWISCHENGARE

Für mehr Stabilität wird der Teig vorgeformt. Dafür kommt er auf eine bemehlte Arbeitsfläche und wird zunächst zweimal übereinandergefaltet und mit den Händen rund geformt. So darf der Teig abgedeckt 15 Minuten entspannen.

RUND FORMEN

Nach dieser sogenannten Zwischengare wird der Teig auf der Oberfläche leicht bemehlt und umgedreht. Dann ziehst du den Teig mit einer Hand Stück für Stück von außen zur Mitte. Die übereinanderliegenden Teigenden werden mit der anderen Hand festgehalten und bilden die Teignaht, auch Schluss genannt. Dann wird der Teig umgedreht (Teignaht ist unten) und final mit beiden Händen in kreisenden Bewegungen zu einem schönen runden Brotlaib geformt.

LANG FORMEN

Den Teig an der Oberfläche leicht bemehlen und umdrehen. Ziehe den Teig leicht auseinander und klappe dann eine Seite zur Mitte. Schlage anschließend den Teig von der anderen Seite darüber und drücke die Teignaht mit den Fingern gut zu. Abschließend wird der Teigling von der unteren Kante wie zu einem Zylinder aufgerollt. Auch hier wird die Teignaht mit den Fingerspitzen noch fest verschlossen.

AB INS KÖRBCHEN UND NOCH MAL RUHEN

ZWEITE GEHZEIT – DIE STÜCKGARE

Vor dem Backen muss der fertig geformte Teig – dann Teigling genannt – noch ein zweites Mal gehen und reifen. Zur Unterstützung der Form wird der Teigling entweder in ein bemehltes Gärkörbchen oder alternativ in ein Sieb oder eine Schüssel gelegt, die mit einem bemehlten Tuch ausgelegt ist. Das Ende der Stückgare ist erreicht, wenn sich das Volumen deutlich vergrößert hat.

REIFETEST FÜRS BACKEN – FINGERDRUCKTEST

Drücke mit einem bemehlten Finger leicht in den Teig. Verschwindet die Druckstelle sofort wieder, ist dein Teig noch „unreif". Bildet sich die Vertiefung langsam wieder zurück und eine kleine Mulde bleibt zurück, ist dein Teig reif zum Backen. Wenn dein Fingerdruck sich nicht mehr oder kaum zurückbildet, ist dein Teig bereits sehr reif, sollte direkt gebacken werden und wird im Backofen auch nicht mehr viel aufgehen.

WILDE KRUSTE

Für die wilde Kruste wird der geformte Teigling mit der Teignaht nach unten in ein bemehltes Gärkörbchen gelegt. Die glatte Seite ist also zu sehen. Beim Backen liegt dieser Schluss dann oben. Da diese Stelle der schwächste Punkt des Teiglings ist, wird das Brot hier wild und rustikal aufreißen.

GEZIELTES EINSCHNEIDEN

Dafür wird der Teigling mit der glatten, bemehlten Seite nach unten in das Gärkörbchen gelegt. Der Schluss ist also zu sehen. Für das Backen wird der Teigling aus dem Gärkörbchen gestürzt, sodass die glatte Seite nun oben ist. Für die längliche Form wird einmal mittig mit einem/r scharfen Messer/Rasierklinge ca. 5 mm tief eingeschnitten und für die runde Form wird über Kreuz mit einem scharfen Messer eingeschnitten.

Ofenkino oder Topfgucker?

Für ein gutes Brot sind ein aufgeheizter Backofen, genügend Unterhitze und Dampf ganz entscheidend. Das Teigvolumen nimmt in der ersten Backphase deutlich zu, auch als Ofentrieb bezeichnet. Damit das Brot sich ausdehnen kann, muss die Teigoberfläche flexibel bleiben und darf nicht zu schnell trocken und fest werden. Dazu wird ausreichend Feuchtigkeit bzw. Dampf im Backraum benötigt. Für Hobbybäcker, die in normalen Haushaltsöfen backen, gibt es zwei gängige Möglichkeiten, um dieses Backklima zu schaffen.

WELCHE VARIANTEN GIBT ES BEIM BROTBACKEN UND WAS IST ZU BEACHTEN?

BACKEN MIT BLECH, STEIN ODER STAHL IN KOMBINATION MIT DAMPF (SCHWADEN)

Für den Anfang kannst du mit einem Backblech backen. Ein Backstein/Backstahl speichert die Hitze viel besser als ein gewöhnliches Backblech; wodurch der Teig direkt mehr Unterhitze bekommt und das Brot besser aufgeht. Der Backstein wird mit dem Backofen 45 Minuten auf 250 °C (Ober-/Unterhitze) mit aufgeheizt. Zu der Hitze benötigt der Teig noch Feuchtigkeit. Dafür wird eine weitere feuerfeste Form mit dem Backofen aufgeheizt. Den Wasserdampf (Schwaden) erzeugt man, indem man in die heiße Form, direkt nachdem das Brot in den Backofen geschoben wurde, ein halbes Glas Wasser (ca. 60 ml) schüttet und die Backofentür sofort wieder schließt. Vorsicht! Das Wasser verdampft sofort und füllt den Backraum.

Nach ca. 10 Minuten ist die erste Backphase und der Ofentrieb überwiegend abgeschlossen. Für eine schöne knusprige Kruste wird die restliche Feuchtigkeit aus dem Backofen abgelassen, indem man einmal kurz die Backofentür öffnet (Vorsicht). Das Brot backt dann meist bei gesenkter Temperatur fertig.

BACKEN IM GUSSEISERNEN TOPF

Das Backen in einem gusseisernen Topf bringt nach meiner Erfahrung die besten Backergebnisse. Der Topf ist dabei wie ein Backofen im Backofen und gibt von allen Seiten die Hitze gleichmäßig an den Teig ab. Zudem ist der Backraum so klein, dass die Feuchtigkeit aus dem Teig ausreicht und man nicht bedampfen muss. So entsteht ein ideales Backklima und das Ergebnis sind Brote mit einer schönen Kruste und einer saftigen Krume. Der gusseiserne Topf wird leer mit Deckel im Backofen 45 Minuten auf 250 °C aufgeheizt. Der Teig wird dann am besten mit einem/r zugeschnittenen Backpapier/Dauerbackfolie in den heißen Topf gehoben. Das Brot backt mit geschlossenem Deckel 30 Minuten bei 250 °C. Dann nimmst du den Deckel für eine schöne Krustenbildung ab (Vorsicht!), senkst die Temperatur auf 235 °C und backst das Brot fertig.

Faustformel: Ein Brot von ca. 1 kg hat eine Backzeit von insgesamt ungefähr 45 Minuten +/– 5 Minuten.

WANN IST DAS BROT FERTIG GEBACKEN? – DER KLOPFTEST

Um zu prüfen, ob das Brot fertig gebacken ist, kann man mit einem Einstichthermometer die Kerntemperatur messen. Diese sollte 97 °C erreicht haben. Alternativ kann man einen Klopftest machen. Dazu nimmt man das Brot mit Ofenhandschuhen aus dem Backofen und klopft mit den Fingerknöcheln gegen den Boden des Brotes. Wenn es sich hohl anhört, ist es fertig gebacken.

NACH DEM BACKEN

Lass das Brot unbedingt auf einem Gitter abkühlen, bevor du es anschneidest, so bleibt die Kruste schön knusprig. Diese Abkühlphase gehört noch zum Backvorgang dazu. Schneidest du zu früh an, ist die Krume noch klebrig.

Bei Broten oder Brötchen, deren Kruste schön glänzen soll, kannst du diese direkt nach dem Backen, wenn sie noch ganz heiß sind, mit etwas Wasser besprühen. Das unterstützt den Glanz der Kruste noch mal.

Hinweis

Üblicherweise werden Brote mit Ober-/Unterhitze gebacken. Wenn du die Brote im Topf backst, kannst du aber auch mit Umluft backen.

Hinweis

Jeder Backofen backt anders, daher ist es wichtig, dass du die Temperaturen in deinem Backofen kennst, um diese für ein gutes Backergebnis bei Bedarf anzupassen.

Mehr Aroma & Frische im Brot

Das Backen mit Vorteigen und Vorstufen gibt dem Brot noch mehr Aroma und eine längere Frischhaltung. Da der Ablauf aber auch komplexer wird, ist es ratsam, erst ein wenig Backerfahrung zu sammeln, bevor du mit dieser indirekten Teigführung beginnst.

DAS NÄCHSTE BACKLEVEL: VORTEIGE UND NULLTEIGE

WAS SIND VORTEIGE UND IHRE VORTEILE?

Ein Vorteig wird vor dem eigentlichen Hauptteig hergestellt und optimiert die Eigenschaften des Teiges und des Brotes. So werden die Teige beispielsweise dehnbarer und können zudem besser Wasser aufnehmen. Dadurch werden die Krumen- und Krusteneigenschaften im fertigen Brot verbessert. Brote mit Vorteigen haben mehr Aroma und bleiben länger frisch.

Es gibt verschiedene Arten von Vorteigen von fester bis weicher Konsistenz, die man je nach gewünschtem Gebäck einsetzt. Alle Hefevorteige bestehen aus einem Mehlanteil, Wasser und ein wenig Triebmittel.

VORTEIG AUS DEN REZEPTEN – POOLISH

In einigen Rezepten aus dem Kapitel Rezepte mit weiteren Zutaten und Vorstufen (S. 85) wird ein weicher Vorteig, der sogenannte Poolish, verwendet. Der Poolish besteht aus gleichen Teilen Mehl und Wasser plus einer kleinen Menge Hefe. Die Herstellung ist ganz einfach. Zuerst wird die Hefe im Wasser aufgelöst, dann das Mehl hinzufügt und alles so lange mit einer Gabel verrührt, bis ein homogener Teig entstanden ist. Dieser reift luftdicht abgedeckt 12–14 Stunden bei Raumtemperatur. Wenn du ihn nicht direkt weiterverarbeiten kannst, kann er zur Überbrückung für ein paar Stunden in den Kühlschrank gestellt werden.

NULLTEIGE – VORSTUFEN

Neben den Vorteigen gibt es noch sogenannte Nullteige. Sie enthalten kein Triebmittel und bestehen nur aus Getreideerzeugnissen oder Saaten und Wasser. Sie dienen der Vorverquellung und damit der zusätzlichen Feuchtigkeitszufuhr. Die folgende Vorstufen finden in den Rezepten in diesem Buch Verwendung.

DAS BRÜHSTÜCK

Ein Brühstück ist eine Vermischung von Saaten und Wasser und dient der Vorverquellung der Saaten. Die Saaten werden mit kochendem Wasser übergossen und verquellen mindestens 1 Stunde. So nehmen sie das zusätzliche Wasser auf, das sie sonst dem Teig entziehen würden. Übrig gebliebenes Wasser aus dem Quellstück sollte zurückgehalten werden und nur bei Bedarf dem Teig zugefügt werden. Das Brühstück kann ein paar Tage im Voraus hergestellt und bis zur Verwendung im Kühlschrank bei 5 °C gelagert werden.

PORRIDGE

Ein abgewandeltes Brühstück für die Rezepte ist das Porridge. Hierbei werden Haferflocken mit Wasser und etwas Honig in einen Topf gegeben und kurz aufgekocht. Das Porridge umrühren und den Herd abstellen. Mit geschlossenem Deckel darf das Porridge 1 Stunde fertig verquellen und abkühlen. So bringt man viel Feuchtigkeit in gebundener Form in den Teig.

DAS MEHLKOCHSTÜCK

Über das Mehlkochstück kann dem Teig viel Wasser in gebundener Form zugefügt werden, was zu einer längeren Frischhaltung und einer saftigeren Krume führt. Zur Herstellung wird Mehl in kaltem Wasser klümpchenfrei im Verhältnis 1:5 verrührt und unter Rühren so lange erhitzt, bis das Gemisch eindickt. Dann nimmt man das Mehlkochstück vom Herd, deckt es direkt an der Oberfläche mit einer Folie ab und lässt es abkühlen. Es kann bis zu 48 Stunden im Voraus hergestellt und im Kühlschrank gelagert werden. Es kommt vor allem bei Dinkelbroten zum Einsatz, die nicht so viel Wasser aufnehmen können.

Backplanung

Gutes Brot braucht etwas Zeit. Damit das Brotbacken trotzdem alltagstauglich wird, hilft die Planung der einzelnen Schritte. Einmal auf deine Bedürfnisse und Tagesabläufe ausgerichtet, kannst du diese Planung dann ganz einfach auf die anderen Rezepte übertragen.

Dabei kannst du den gesamten Prozess für einen Tag oder auf mehrere Tage verteilt planen.

DAS RICHTIGE TIMING FINDEN

WIE SIEHT NUN DIE PRAXIS AUS?

Frisch gebackenes Brot oder Brötchen zum Abendbrot oder doch lieber zum Frühstück?

Für die meisten Brotrezepte sind 8 Stunden Gehzeit bei einer Menge von 1,5g frischer Hefe und einer Raumtemperatur von 20–22 °C angegeben. Lege den Zeitpunkt für das fertig gebackene Brot fest und rechne dann die Zeiten der einzelnen Schritte zurück.

Da jeder Tagesablauf individuell ist, kann es sein, dass die folgenden beispielhaften Zeitpläne für dich nicht passen. Entweder reicht es aus, dass du die Zeiten an sich verschiebst, oder du erstellst deinen individuellen Plan.

MIT ETWAS PLANUNG BACKST DU DAS!

BROT ZUM ABENDESSEN

7:30	Teig ansetzen
7:45–15:45	Stockgare
15:45	Vorformen
16:00	Finales Formen
16:00–17:30	Stückgare
16:45	Backofen vorheizen
17:30	Backen
18:15	Brot ist fertig

BRÖTCHEN ZUM ABENDESSEN

7:30	Teig ansetzen
7:45–15:45	Stockgare
15:45	Abstechen
15:45–16:30	Stückgare
15:45	Backofen vorheizen
16:30	Backen
16:50	Brötchen sind fertig

BROT ZUM FRÜHSTÜCK

22:00	Teig ansetzen
22:15–6:00	Stockgare
6:00	Vorformen
6:15	Finales Formen
6:15–7:45	Stückgare
7:00	Backofen vorheizen
7:45	Backen
8:30	Brot ist fertig

BRÖTCHEN ZUM FRÜHSTÜCK

22:00	Teig ansetzen
22:15–6:00	Stockgare
6:00	Abstechen
6:00–6:45	Stückgare
6:00	Backofen vorheizen
6:45	Backen
7:05	Brötchen sind fertig

GEWUSST WIE – DIE WICHTIGSTEN EINFLUSS-FAKTOREN UND STELLSCHRAUBEN

Je nachdem, wie viel Zeit dir zur Verfügung steht, kannst du die Gehzeiten deines Teiges über die beiden Einflussfaktoren Temperatur und Triebmittelmenge so steuern, dass das Brotbacken alltagstauglich wird.

Je mehr Hefe du dem Teig zuführst, desto schneller reift er und umgekehrt. Und je wärmer dein Teig zum Gehen steht, desto schneller reift er und umgekehrt. Jedes Rezept in diesem Buch kann prinzipiell mit einer kurzen oder langen Gehzeit gebacken werden, du brauchst dafür nur die Hefemenge oder die Temperaturen entsprechend anpassen.

Hinweis

Die Triebmittelmenge hat Einfluss auf den Geschmack und die Bekömmlichkeit, ich empfehle dir daher die Menge von 6 g frischer Hefe nicht zu überschreiten.

Hinweis

Die Werte sind auch hier wieder Richtwerte, da noch weitere Faktoren, wie beispielsweise die Teigtemperatur, Einfluss auf die Reifezeit haben.

MIT DEN FAUSTFORMELN ZU EINEM FLEXIBLEN BACKPLAN

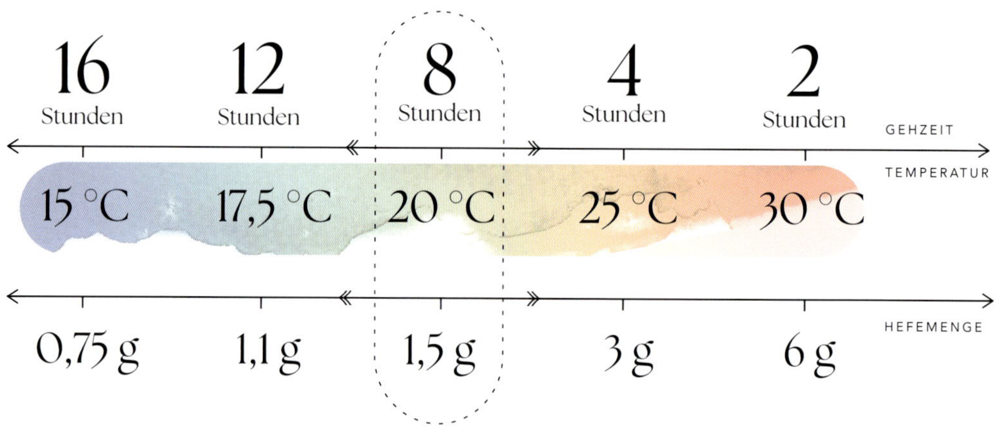

Diese Varianten lassen sich prinzipiell auf alle Rezepte im Buch übertragen. Mit ein bisschen Backerfahrung kannst du somit die für deinen Alltag beste Führungsmethode auswählen und daraufhin die Hefemenge oder die Temperaturen anpassen.

LÄNGERE ODER KÜRZERE GEHZEITEN PLANEN

Zwei beispielhafte Abläufe mit einer längeren Gehzeit von 12 Stunden, durch Reduzierung der Triebmittelmenge auf 1 g frische Hefe und einer kürzeren Gehzeit von 2 Stunden, durch Erhöhung der Triebmittelmenge auf 6 g frische Hefe, bei gleicher Raumtemperatur von 20–22 °C.

LANGE GEHZEIT (12 STUNDEN)

7:00	Teig ansetzen
7:15–19:15	Stockgare
19:15	Vorformen
19:30	Finales Formen
19:30–21:00	Stückgare
20:15	Backofen vorheizen
21:00	Backen
21:45	Brot ist fertig

KURZE GEHZEIT (2 STUNDEN)

7:30	Teig ansetzen
7:45–9:45	Stockgare
9:45	Vorformen
10:00	Finales Formen
10:00–10:45	Stückgare
10:00	Backofen vorheizen
10:45	Backen
11:15	Brot ist fertig

Im Kapitel Brote als Mahlzeit (S. 115) findest du Rezepte, die sich für eine höhere Hefemenge eignen.

Noch ein Notfall-Tipp

Wenn es nicht so läuft wie geplant: Dein Teig reift schneller als gedacht und du hast keine Zeit zum Backen? Oder du musst überraschend weg? Dann stelle deinen Teig einfach in den Kühlschrank, um zu verhindern, dass er in deiner Abwesenheit überreif wird. Durch die Kühlschranktemperatur wird der Reifeprozess deutlich verlangsamt, der Teig macht quasi eine Pause und wird nicht überreif, bis du wieder weitermachen kannst.

BEISPIELE MIT VERLÄNGERTER REIFEZEIT IM KÜHLSCHRANK

Eine weitere Alternative stellt die deutliche Verlängerung der Reifezeit durch die Lagerung im Kühlschrank bei 5–6 °C dar. Hier wird der Reifeprozess extrem verlangsamt. So lässt sich der Backablauf wunderbar aufteilen und flexibilisieren. Das ist vor allem für diejenigen besonders gut geeignet, die immer nur kurze Zeitfenster fürs Brotbacken haben.

So kann beispielsweise die zweite Gehzeit (Stückgare) im Kühlschrank für 10–16 Stunden stattfinden. Diese lange kalte Reifezeit schadet dem Teig nicht, im Gegenteil, es macht dein Brot aromatischer und dazu noch bekömmlicher. Zudem wird der mögliche Zeitraum für das Backen deutlich größer.

Auch die erste Gehzeit (Stockgare) kann im Kühlschrank stattfinden und dadurch verlängert werden. Hier sollte der Teig aber zuvor für 1–2 Stunden bei Raumtemperatur „anspringen", bevor man ihn für weitere 12–24 Stunden in den Kühlschrank stellt. Vor der Weiterverarbeitung sollte der Teig dann ca. 1 Stunde abgedeckt bei Raumtemperatur akklimatisieren. Da der Teig dann immer noch etwas kühler sein kann, benötigt die Stückgare eventuell auch etwas mehr Zeit.

BACKEN MIT KALTER STOCKGARE

Für alle, die nur abends Zeit fürs Brotbacken haben: Verlängere die erste Gehzeit durch die Lagerung im Kühlschrank.

Tag 1	*17:30*	Teig ansetzen
	17:45–19:45	Stockgare warm
	19:45–17:45	Stockgare kalt
Tag 2	*17:45–18:45*	Akklimatisieren
	18:45	Vorformen
	19:00	Finales Formen
	19:00–20:30	Stückgare
	19:45	Backofen vorheizen
	20:30	Backen
	21:15	Brot ist fertig

BACKEN MIT KALTER STÜCKGARE

Stehen noch Termine am Nachmittag oder Abend an und du hast nicht die Zeit, das Brot am gleichen Tag fertig zu backen? Dann flexibilisiere den Zeitpunkt des Backens mit der kalten Stückgare im Kühlschrank:

Tag 1	*7:30*	Teig ansetzen
	7:45–15:45	Stockgare
	15:45	Vorformen
	16:00	Finales Formen
	16:00–7:30	Stückgare kalt
Tag 2	*6:45*	Backofen vorheizen
	7:30	Backen
	8:15	Brot ist fertig

BACKPLANUNG MIT INDIREKT GEFÜHRTEN TEIGEN

BACKPLANUNG MIT INDIREKT GEFÜHRTEN TEIGEN

Vor allem beim Backen mit Vorteigen und Vorstufen ist eine Backplanung wichtig, um die einzelnen Schritte zeitlich gut auf den eigenen Tagesablauf abzustimmen. Einige Vorstufen lassen sich „unabhängig" vom eigentlichen Backprozess etwas im Voraus herstellen, was die Planung für dich wieder vereinfacht.

Parameter: 12 Stunden Gehzeit Vorteig, 8 Stunden Gehzeit Hauptteig, 1,5g Hefe, 20–22 °C Raumtemperatur.

FRISCHES BROT MIT VORTEIG ZUM ABENDESSEN

Tag 1	*20:00*	Vorteig ansetzen
Tag 2	*8:00*	Teig ansetzen
	8:15–16:15	Stockgare
	16:15	Vorformen
	16:30	Finales Formen
	16:30–18:00	Stückgare
	17:15	Backofen vorheizen
	18:00	Backen
	18:45	Brot ist fertig

FRISCHES BROT MIT VORTEIG ZUM FRÜHSTÜCK

Tag 1	*10:00*	Vorteig ansetzen
	22:00	Teig ansetzen
	22:15–6:00	Stockgare
Tag 2	*6:00*	Vorformen
	6:15	Finales Formen
	6:15–7:45	Stückgare
	7:00	Backofen vorheizen
	7:45	Backen
	8:30	Brot ist fertig

Die Rezepte

Brotbacken ist ein Handwerk. Wörtlich genommen bedeutet das, komme ins Tun, lerne deinen Teig kennen. Spüre die Veränderungen im Laufe des Prozesses und bekomme ein Teigfeeling. Deine Erfahrungen, die du sammelst, sind viel wertvoller als jede Rezeptangabe und geben dir die nötige Sicherheit, um die Backabläufe an deinen Alltag anzupassen.

Alle Rezepte beruhen auf einem einfachen Grundteig – dem **BasisTeig**. Dieser Grundteig wird durch unterschiedliche Zutaten zum ballaststoffreichen Körnerbrot, verschiedenen Brotmahlzeiten, bis hin zu süßen Varianten wie Quarkbrötchen oder Buchteln abgewandelt. Ein Teig für alle Alltagssituationen und Geschmäcker.

Der **BasisTeig** ist in den Rezepten immer mit einer Linie von den zusätzlichen Zutaten getrennt. Alle Brotrezepte ergeben entweder ein großes Brot von knapp 1000 g oder zwei kleine Brote von je knapp 500 g. Bei den kleineren Broten verkürzt sich die Backzeit um ca. 8–10 Minuten.

Einfache Rezepte

VON DER THEORIE ZUR PRAXIS

Einfach köstliches Brot backen. Mit dem **BasisTeig** und seinen Varianten backst auch du dein Lieblingsbrot im Alltag.

BROT ZUM ABENDESSEN

BRÖTCHEN ZUM FRÜHSTÜCK

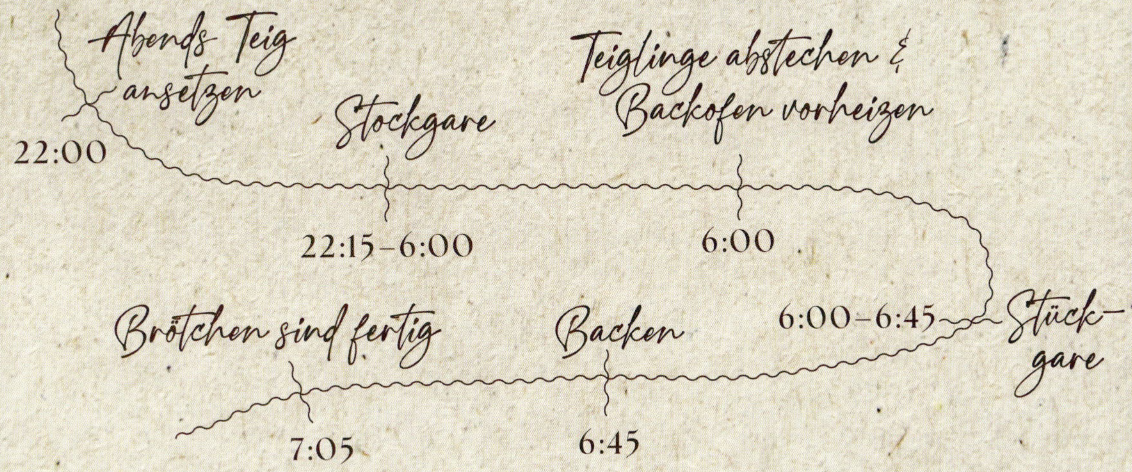

Helles Weizenbrot

Der **BasisTeig** ist das einfache Grundrezept für ein helles Weizenbrot. Hierfür benötigst du nur vier Zutaten, um mit Begeisterung dein eigenes Brot zu backen. Du kannst es schnell aus dem Effeff und das macht das Backen im Alltag so praktikabel.

SCHWIERIGKEIT: ★★★

PORTION: **1 GROSSES ODER 2 KLEINE BROTE**

BACKZEIT: **45 MINUTEN**

ZUTATEN

380 g Wasser (17–20 °C)

1,5 g frische Hefe

600 g Weizenmehl (Type 550)

13 g Salz

ZUBEREITUNG

Teig: Die Hefe im Wasser auflösen. Mehl und Salz hinzugeben und alles zunächst 5 Minuten auf langsamer Stufe und weitere 5–8 Minuten auf schnellerer Stufe kneten. Prüfe mit dem Fenstertest, ob der Teig richtig geknetet ist.

Erste Gehzeit (Stockgare): Den Teig in eine geölte Teigwanne geben und luftdicht 8 Stunden abgedeckt gehen lassen, bis sich das Teigvolumen verdoppelt hat. Optional den Teig zweimal innerhalb der ersten 2 Stunden dehnen und falten.

Weiterverarbeitung: Den Teig auf eine leicht bemehlte Arbeitsfläche geben und von zwei Seiten übereinanderschlagen. Dann den Teig mit den Händen leicht rund formen und 15 Minuten abgedeckt entspannen lassen.

Nun den Teig final rund formen und mit der Teignaht nach unten in ein bemehltes Gärkörbchen legen.

Zweite Gehzeit (Stückgare): Der Teig ruht im Gärkörbchen abgedeckt bei Raumtemperatur 1,5–2 Stunden. Prüfe mit dem Fingerdrucktest, ob der Teig die richtige Reife hat.

Vorheizen: Heize den Backofen 45 Minuten vor dem Backen mit einem gusseisernen Topf auf 250 °C (Ober-/Unterhitze) vor.

Backen: Den Teig aus dem Gärkörbchen auf ein zugeschnittenes Backpapier stürzen und damit in den heißen gusseisernen Topf heben. Die Teignaht liegt nun oben und die Kruste reißt beim Backen wild auf.

Das Brot 30 Minuten mit geschlossenem Deckel bei 250 °C backen. Den Deckel abnehmen und die Temperatur auf 235 °C senken. Das Brot weitere 15 Minuten fertig ausbacken.

Hinweis

Alternative Backmöglichkeiten und alle Tipps rund um die Teigbearbeitung findest du im Grundlagenteil.

Tipp

Hast du kein Gärkörbchen, kannst du alternativ eine passende Schüssel verwenden, die du mit einem bemehlten Küchentuch (Leinen oder Baumwolle) auslegst.

Sonnenblumenkernbrot

Die Sonnenblumenkerne machen das Brot aromatisch und ballaststoffreich. Ein wunderbares Alltagsbrot, das zu vielen Aufstrichen passt.

SCHWIERIGKEIT: ★★★

PORTION: 1 GROSSES ODER 2 KLEINE BROTE

BACKZEIT: 45 MINUTEN

ZUTATEN

380 g Wasser (17–20 °C)
1,5 g frische Hefe
600 g Weizenmehl (Type 550)
13 g Salz

120 g Sonnenblumenkerne
74 g Buttermilch
12 g Sonnenblumenöl

Außerdem
Sonnenblumenkerne

ZUBEREITUNG

Sonnenblumenkernmehl: Die Sonnenblumenkerne trocken in einer Pfanne kurz anrösten. Abkühlen lassen und in einem Mixer zu Mehl mahlen.

Teig: Das Sonnenblumenkernmehl mit dem Mehl vermischen. Alle Zutaten bis auf das Sonnenblumenöl 5 Minuten langsam verkneten. Dann das Öl nach und nach hinzufügen und gut unterkneten. Weitere 3 Minuten langsam kneten und weitere 3 Minuten auf schneller Stufe fertig kneten. Der Teig sollte sich am Ende des Knetprozesses vom Schüsselrand lösen und am Haken eindrehen. Fenstertest.

Erste Gehzeit (Stockgare): Den Teig in eine geölte Teigwanne geben und luftdicht abgedeckt 8 Stunden gehen lassen, bis sich das Teigvolumen verdoppelt hat. Optional den Teig nach 1 und 2 Stunden dehnen und falten.

Weiterverarbeitung: Den Teig auf eine leicht bemehlte Arbeitsfläche geben. Dann den Teig von zwei Seiten übereinanderschlagen und mit den Händen leicht rund formen. 15 Minuten abgedeckt entspannen lassen.

Abschließend den Teig rund formen. Das Gärkörbchen nur leicht bemehlen und dafür noch mit Sonnenblumenkernen ausstreuen. Den Teigling für eine wilde Kruste mit der Teignaht nach unten ins Gärkörbchen legen.

Zweite Gehzeit (Stückgare): Der Teig ruht im Gärkörbchen abgedeckt bei Raumtemperatur 1,5–2 Stunden. Fingerdrucktest.

Vorheizen: 45 Minuten vor dem Backen mit einem gusseisernen Topf auf 250 °C (Ober-/Unterhitze) vorheizen.

Backen: Den Teig aus dem Gärkörbchen auf ein zugeschnittenes Backpapier stürzen und in den heißen gusseisernen Topf heben. Das Brot 30 Minuten mit geschlossenem Deckel bei 250 °C backen. Dann den Deckel abnehmen, die Temperatur auf 235 °C senken und das Brot 15 Minuten fertig backen.

Kräuterbrot

Dieses Brot passt wunderbar zu Salaten oder Antipasti. Es erhält durch die Kräutermischung und den Quark eine tolle Frische und ein eigenes Aroma. Du kannst natürlich auch gerne frische Kräuter verwenden, die TK-Kräuter machen es einfach und komfortabel.

SCHWIERIGKEIT: ★★★

PORTION: **1 GROSSES ODER 2 KLEINE BROTE**

BACKZEIT: **40 MINUTEN**

ZUTATEN

380 g Wasser (17–20 °C)

1,5 g frische Hefe

600 g Weizenmehl (Type 550)

13 g Salz

50 g Quark (14 % Fett)

50 g TK-Kräutermischung

Außerdem

getrocknete Kräuter (Oregano, Thymian …)

ZUBEREITUNG

Teig: Alle Zutaten bis auf die TK-Kräutermischung 3 Minuten auf langsamer Stufe verkneten. Dann erst die TK-Kräutermischung dazugeben und den Teig weitere 5 Minuten langsam und 2 Minuten auf schnellerer Stufe fertig kneten. Fenstertest.

Erste Gehzeit (Stockgare): Den Teig in eine geölte Teigwanne legen, luftdicht verschließen und 8 Stunden gehen lassen. Optional nach 1 und 2 Stunden dehnen und falten. Das Ende der ersten Gehzeit ist erreicht, wenn sich das Teigvolumen verdoppelt hat.

Weiterverarbeitung: Den Teig auf eine leicht bemehlte Arbeitsfläche geben, vorformen und 15 Minuten abgedeckt entspannen lassen.

Den Teig final lang formen. Den Teigling leicht bemehlen und mit der glatten Teigoberfläche nach unten in das bemehlte Gärkörbchen legen.

Zweite Gehzeit (Stückgare): Im Gärkörbchen abgedeckt 1,5–2 Stunden reifen lassen.

Vorheizen: Den Backofen 45 Minuten vor dem Backen mit einem Backstahl und einem Blech zum Bedampfen auf 250 °C (Ober-/Unterhitze) vorheizen.

Backen: Den Teig aus dem Gärkörbchen auf einen Backschieber stürzen. Überschüssiges Mehl abbürsten, die Oberfläche leicht mit Wasser besprühen und mit den getrockneten Kräutern bestreuen. Den Teigling einschneiden und auf den aufgeheizten Backstahl geben.

60 ml Wasser auf das heiße Backblech schütten (Schwaden) und die Backofentür sofort schließen. 10 Minuten bei 250 °C backen. Die Backofentür kurz öffnen, Dampf ablassen und die Temperatur auf 235 °C senken. Das Brot weitere 30 Minuten fertig backen (Kerntemperatur von 97 °C).

Kartoffelbrot

Die frisch geriebenen, rohen Kartoffeln bringen viel Feuchtigkeit und eine lange Frischhaltung ins Brot. Die Kartoffeln sollten geschält und mit einer Reibe fein gerieben werden, sodass sie in der Krume nach dem Backen nicht mehr „spürbar" sind.

SCHWIERIGKEIT: ★☆☆

PORTION: 1 GROSSES ODER 2 KLEINE BROTE

BACKZEIT: 45 MINUTEN

ZUTATEN

380 g Wasser (17–20 °C)
1,5 g frische Hefe
600 g Weizenmehl (Type 550)
13 g Salz

70 g festkochende Kartoffeln

ZUBEREITUNG

Kartoffeln: Die Kartoffeln direkt vor der Teigherstellung schälen und mit einer feinen Reibe reiben. Nicht abtropfen lassen.

Teig: Alle Zutaten bis auf die geriebenen Kartoffeln 2 Minuten langsam verkneten. Dann die Kartoffeln unterkneten, zuerst 5 Minuten langsam, 5 Minuten schneller fertig auskneten. Der Teig ist am Ende der Knetzeit durch die Kartoffeln etwas weicher. Das Teiggerüst stabilisiert sich in der ersten Gehzeit durch das Dehnen und Falten.

Erste Gehzeit (Stockgare): Den Teig in eine geölte Teigwanne geben und luftdicht abdecken. Es wird empfohlen, den Teig nach 30 und 60 Minuten zu dehnen und zu falten. Insgesamt 8 Stunden luftdicht abgedeckt gehen lassen, bis sich das Teigvolumen verdoppelt hat.

Weiterverarbeitung: Den Teig auf eine bemehlte Arbeitsfläche geben, vorformen und 15 Minuten abgedeckt entspannen lassen.

Dann den Teig final rund oder lang formen und den Teigling mit der glatten Seite nach unten in das bemehlte Gärkörbchen legen.

Zweite Gehzeit (Stückgare): Der Teig ruht im Gärkörbchen abgedeckt bei Raumtemperatur 1,5–2 Stunden. Mit dem Fingerdrucktest prüfen, ob der Teig die richtige Reife hat.

Vorheizen: Den Backofen 45 Minuten vor dem Backen mit einem gusseisernen Topf auf 250 °C (Ober-/Unterhitze) vorheizen.

Backen: Den Teig aus dem Gärkörbchen auf ein zugeschnittenes Backpapier stürzen, einschneiden und mithilfe des Backpapiers in den heißen gusseisernen Topf heben. Das Brot 30 Minuten mit geschlossenem Deckel bei 250 °C backen. Dann den Deckel abnehmen und die Temperatur auf 235 °C senken. Das Brot weitere 15 Minuten fertig ausbacken.

Kürbiskern-Kastenbrot

In das Kürbiskernbrot kommen nicht nur die Kürbiskerne für den typischen Geschmack, sondern für eine schön saftige und farbige Krume auch etwas Kürbispüree.

SCHWIERIGKEIT: ★★★

PORTION: 1 KASTENBROT

BACKZEIT: 45 MINUTEN

ZUTATEN

380 g Wasser (17–20 °C)

1,5 g frische Hefe

600 g Weizenmehl (Type 550)

13 g Salz

120 g Kürbis (z. B. Hokkaido oder Butternuss)

Salz

120 g Kürbiskerne (plus etwas mehr zum Garnieren)

14 g Zuckerrübensirup

Außerdem

Kastenform (24 x 11 x 8 cm)

ZUBEREITUNG

Kürbispüree: Den Kürbis mit Schale in Würfel schneiden und in Salzwasser kochen. Dann pürieren und abkühlen lassen.

Teig: Alle Zutaten bis auf die Kürbiskerne 8–10 Minuten langsam verkneten. Wenn der Teig sehr weich ist, vom Haken auf das Paddel wechseln. Kürbiskerne hinzufügen und 2 Minuten auf schnellerer Stufe fertig kneten.

Erste Gehzeit (Stockgare): Den Teig in eine geölte Teigwanne geben und luftdicht abdecken. Optional nach 1 und 2 Stunden dehnen und falten. Insgesamt 8 Stunden luftdicht abgedeckt gehen lassen, bis sich das Teigvolumen verdoppelt hat.

Weiterverarbeitung: Den Teig auf eine bemehlte Arbeitsfläche geben, vorformen und 15 Minuten abgedeckt entspannen lassen.

Dann den Teig lang formen und mit der Teignaht nach unten in die bemehlte Form legen.

Zweite Gehzeit (Stückgare): Der Teig ruht in der Kastenform abgedeckt bei Raumtemperatur 1,5–2 Stunden.

Vorheizen: Den Backofen 45 Minuten vor dem Backen mit einem Backstahl und einem Blech zum Bedampfen auf 235 °C (Ober-/Unterhitze) vorheizen.

Backen: Vor dem Backen die Teigoberfläche mit Wasser besprühen und mit Kürbiskernen bestreuen. Optional den Teig vor dem Backen einschneiden. Den Teigling in der Kastenform auf den heißen Backstahl stellen und direkt bedampfen (Schwaden). 15 Minuten bei 230 °C backen, dann die Backofentür öffnen und den restlichen Dampf ablassen. Weitere 20 Minuten in der Form backen, dann aus der Form herausnehmen und weitere 5–10 Minuten bei 220 °C fertig backen.

Hinweis

Je nach verwendeter Kürbissorte färbt sich die Krume leicht bis intensiv orange.

Hinweis

Je nach Materialstärke der Kastenform kann die Backzeit von den gemachten Angaben abweichen.

Kräuterfrischkäsebrot

Frischkäse im Brotteig gibt eine saftige und softe Krume. Wenn dann noch Kräuter dazukommen, wird daraus ein tolles Beilagen- oder Sandwich-Brot. Du kannst auch einen anderen Frischkäse verwenden, je nachdem, was dein Favorit ist. Als Topping eignen sich getrocknete Kräuter sehr gut.

SCHWIERIGKEIT:	PORTION:	BACKZEIT:
★★★	1 GROSSES ODER 2 KLEINE BROTE	40 MINUTEN

ZUTATEN

380 g Wasser (17–20 °C)

1,5 g frische Hefe

600 g Weizenmehl (Type 550)

13 g Salz

1 Packung Kräuterfrischkäse (à 175 g)

Außerdem

Olivenöl

Mischung aus getrockneten Kräutern (Oregano, Thymian …)

ZUBEREITUNG

Teig: Alle Zutaten 5 Minuten auf langsamer Stufe miteinander verkneten. Anschließend 5–8 Minuten auf schnellerer Stufe fertig auskneten. Fenstertest.

Erste Gehzeit (Stockgare): Den Teig in eine geölte Teigwanne legen, luftdicht verschließen und 8 Stunden gehen lassen. Optional während der ersten beiden Stunden den Teig zweimal dehnen und falten. Das Ende der ersten Gehzeit ist erreicht, wenn sich das Teigvolumen verdoppelt hat.

Weiterverarbeitung: Den Teig auf eine bemehlte Arbeitsfläche geben, vorformen und 15 Minuten abgedeckt entspannen lassen.

Den Teig final zu einem länglichen Teigling aufrollen.

Zweite Gehzeit (Stückgare): Den Teigling abdecken und für 1 Stunde bei Raumtemperatur reifen lassen.

Vorheizen: Den Backofen 45 Minuten vor dem Backen mit einem Backstein/Backstahl und einem Blech zum Bedampfen auf 250 °C (Ober-/Unterhitze) vorheizen.

Backen: Die Teigoberfläche mit Olivenöl bepinseln und mit den getrockneten Kräutern bestreuen. Einmal mittig mit einem scharfen Messer (Wellenschliff) über die gesamte Länge einschneiden und den Teigling auf den heißen Backstein/Backstahl geben.

Direkt 60 ml Wasser auf das heiße Backblech schütten (Schwaden), die Backofentür sofort schließen und 10 Minuten bei 250 °C backen. Dann die Backofentür öffnen, den Dampf ablassen und die Temperatur auf 235 °C senken. Das Brot weitere 30 Minuten fertig backen (Kerntemperatur von 97 °C).

No-Knead-Brötchen

Den **BasisTeig** kann man auch zu einer Brötchenvariante abwandeln. Mit diesem Rezept stelle ich dir die super einfache No-Knead-Methode vor. Dabei wird der Teig nicht geknetet, sondern nur vermischt und das Teiggerüst bildet sich von allein über die lange Gehzeit – einfacher geht es wirklich nicht.

SCHWIERIGKEIT:	PORTION:	BACKZEIT:
★★★	8 MITTELGROSSE BRÖTCHEN	15 MINUTEN

ZUTATEN

380 g Wasser (17–20 °C)
1,5 g frische Hefe
600 g Weizenmehl (Type 550)
13 g Salz

Hinweis

Knetest du den Teig mit einem Teigkneter, setze die Reifezeit für 8 Stunden an.

ZUBEREITUNG

No-Knead-Teig: Zuerst die Hefe im Wasser auflösen. Dann Mehl und Salz hinzufügen. Nun alles so lange mit einem Löffel oder einer Gabel vermengen, bis keine Mehlreste mehr vorhanden sind und ein homogener Teig entstanden ist.

Am Ende den Teig ein paarmal mit feuchten Händen fertig vermengen.

Erste Gehzeit (Stockgare): Den Teig luftdicht verschließen und 10 Stunden gehen lassen. Das Ende der ersten Gehzeit ist erreicht, wenn sich das Teigvolumen verdoppelt hat.

Weiterverarbeitung: Den Teig auf eine bemehlte Arbeitsfläche geben. Vorsichtig in eine rechteckige Form ziehen. Am besten geht das mit einem Teigspatel. Anschließend die einzelnen Teiglinge einfach nach Augenmaß mit dem Teigspatel „abstechen". Je nach gewünschter Brötchengröße erhält man 8–10 Teiglinge. Die Teiglinge auf ein Backpapier setzen und leicht bemehlen.

Zweite Gehzeit (Stückgare): Teiglinge abgedeckt 45-60 Minuten bei Raumtemperatur gehen lassen.

Vorheizen: Den Backofen 45 Minuten vor dem Backen mit einem Backstahl und einem Blech zum Bedampfen auf 250 °C (Ober-/Unterhitze) vorheizen.

Backen: Teiglinge direkt vor dem Backen mittig einschneiden und mit dem Backpapier auf den heißen Backstahl transportieren. Direkt schwaden und 10 Minuten bei 250 °C backen, dann die Backofentür öffnen und die Feuchtigkeit rauslassen. Die Temperatur auf 235 °C senken und für weitere 5–7 Minuten backen.

Hinweis

Wenn nicht alle Brötchen auf einmal in den Backofen passen, stelle die restlichen Teiglinge etwas kühler, damit sie nicht überreif werden.

Körnerbrötchen

Diese Körnerbrötchen sind ein absoluter Klassiker. Durch die Saatenmischung werden sie ballaststoffreich und lecker. Das Ei verleiht ihnen noch mal Volumen und eine schön lockere Krume. Bei uns gibt es sie nicht nur am Wochenende, sondern auch gerne als Pausenbrötchen.

SCHWIERIGKEIT:	PORTION:	BACKZEIT:
★★★	**10–16 BRÖTCHEN**	**20 MINUTEN**

ZUTATEN

380 g Wasser (17–20 °C)

1,5 g frische Hefe

600 g Weizenmehl (Type 550)

13 g Salz

30 g Sonnenblumenkerne

30 g Leinsamen

30 g Sesam

30 g schwarzer Sesam

40 g Frischkäse (Doppelrahmstufe)

1 Ei (Größe M)

8 g Honig

20 g Butter

Außerdem

Saatenmischung

ZUBEREITUNG

Teig: Alle Zutaten bis auf die Butter vermischen, 2 Minuten kneten und dann die Butter hinzufügen und unterkneten. Weitere 5 Minuten langsam verkneten, dann 5 Minuten auf schneller Stufe fertig auskneten. Der Teig ist etwas weicher, sollte sich am Ende der Knetzeit aber vom Schüsselrand lösen und um den Knethaken eindrehen.

Erste Gehzeit (Stockgare): Den Teig in eine geölte Teigwanne legen, luftdicht verschließen und 8 Stunden gehen lassen. Optional nach 1 und nach 2 Stunden dehnen und falten. Das Ende der ersten Gehzeit ist erreicht, wenn sich das Teigvolumen verdoppelt hat.

Weiterverarbeitung: Den Teig auf eine leicht bemehlte Arbeitsfläche geben. Vorsichtig in eine rechteckige Form (ca. 30 x 20 cm) ziehen. Am besten mit einem Teigspatel, damit der Teig nicht an der Arbeitsfläche klebt. Anschließend die einzelnen Teiglinge einfach „abstechen". Je nach gewünschter Brötchengröße kann man den Teig in 10–16 Teiglinge unterteilen.

Zweite Gehzeit (Stückgare): Die Teiglinge auf ein Backpapier setzen und abgedeckt 45–60 Minuten reifen lassen.

Vorheizen: Den Backofen 45 Minuten vor dem Backen mit einem Backstahl und einem Blech zum Bedampfen auf 250 °C (Ober-/Unterhitze) vorheizen.

Backen: Vor dem Backen die Teiglinge leicht mit Wasser besprühen und die Saatenmischung für das Topping darauf verteilen.

Teiglinge mit dem Backpapier auf den heißen Backstahl transportieren. Direkt schwaden und 10 Minuten bei 250 °C backen, dann die Backofentür öffnen und die Feuchtigkeit rauslassen, die Temperatur auf 235 °C senken und weitere 7–10 Minuten backen (Kerntemperatur mind. 97 °C).

Hinweis

Wenn nicht alle Brötchen auf einmal in den Backofen passen, stelle die restlichen Teiglinge etwas kühler, damit sie nicht überreif werden.

Sandwich-Brötchen

Diese Brötchen bleiben super weich und soft,
wenn du sie nach dem Backen in ein Tuch einwickelst.
Ideal für leckere Sandwiches.

SCHWIERIGKEIT: ★★★

PORTION: **6-8 SANDWICH-BRÖTCHEN**

BACKZEIT: **20 MINUTEN**

ZUTATEN

380 g Wasser (17–20 °C)

1,5 g frische Hefe

600 g Weizenmehl (Type 550)

13 g Salz

30 g Joghurt

12 g Honig

2 Eigelb

30 g Olivenöl

Außerdem

Sesam oder Parmesan und Oregano (nach Belieben)

Hinweis

Für schnelle Sandwich-Brötchen mit einer Gehzeit von nur 2–3 Stunden, kannst du die Hefemenge auf 6 g erhöhen.

ZUBEREITUNG

Teig: Alle Zutaten bis auf das Olivenöl 2 Minuten verkneten. Dann langsam das Olivenöl gut unterkneten. Anschließend weitere 3 Minuten langsam und 5 Minuten schnell fertig auskneten. Fenstertest.

Erste Gehzeit (Stockgare): Den Teig in eine geölte Teigwanne legen, luftdicht verschließen und für 8 Stunden gehen lassen. Optional nach 1 und 2 Stunden dehnen und falten. Das Ende der ersten Gehzeit ist erreicht, wenn sich das Teigvolumen verdoppelt hat.

Weiterverarbeitung: Den Teig auf eine bemehlte Arbeitsfläche geben und am besten mit einem Metallspatel in eine rechteckige Form ziehen Anschließend in 6–8 gleich große Portionen teilen. Jede Teigportion leicht rechteckig ziehen und zu einem Zylinder aufrollen. 15 Minuten entspannen lassen.

Final auf 15–20 cm Länge ausrollen und für die Stückgare mit Schluss (Teignaht) nach unten in ein bemehltes Bäckerleinen/Geschirrtuch legen.

Zweite Gehzeit (Stückgare): Abgedeckt für 30–45 Minuten bei Raumtemperatur reifen lassen.

Vorheizen: Den Backofen 45 Minuten vor dem Backen mit einem Backstahl und einem Blech zum Bedampfen auf 220 °C (Ober-/Unterhitze) vorheizen.

Backen: Vor dem Backen die Teiglinge auf ein Backpapier transportieren und mit Wasser besprühen. Wer mag, kann sie auch noch mit Sesam oder Parmesan und Oregano bestreuen. Einschneiden und mit dem Backpapier auf den heißen Backstahl legen. Direkt schwaden und für 15 Minuten bei 220 °C backen, dann die Backofentür öffnen und die Feuchtigkeit rauslassen, für weitere 3–5 Minuten backen. Für etwas Farbe kann die Temperatur gegen Ende der Backzeit auf 250 °C erhöht werden. Die Kerntemperatur sollte mind. 96 °C betragen.

Nach dem Backen die Sandwich-Brötchen direkt in ein Tuch einwickeln, damit sie schön weich bleiben.

Hinweis

Nach dem Backen die Sandwich-Brötchen direkt in ein Tuch einwickeln, damit sie schön weich bleiben.

Beilagenbrote und besondere Brote

Brotbacken ist nicht nur durch seine unterschiedlichen Zutaten und Aromen sehr vielseitig, sondern auch in seiner Form. In diesem Kapitel zeige ich dir neben klassischen Beilagenbroten auch besonders geformte Brote, die allein durch ihre Form schon auffallen, richtige Schmuckstücke sind und Appetit auf ein Stück Brot machen.

NORMALE GEHZEIT: 8 STUNDEN

7:30	Teig ansetzen
7:45–15:45	Stockgare
15:45	Vorformen
16:00	Finales Formen
16:15–17:15	Stückgare
16:45	Backofen vorheizen
17:15	Dekorieren & Einschneiden
17:30	Backen
18:00	Brot ist fertig

KURZE GEHZEIT: 3 STUNDEN

7:30	Teig ansetzen
7:45–10:45	Stockgare
10:45	Vorformen
11:00	Finales Formen
11:15–12:15	Stückgare
11:45	Backofen vorheizen
12:15	Dekorieren/Einschneiden
12:30	Backen
13:00	Brot ist fertig

Wurzelbrot

Ein uriges Wurzelbrot ist einfach zuzubereiten und durch seine rustikale Form ein toller Baguette-Ersatz. Die Kruste ist knusprig und die Krume durch die Kartoffeln besonders frisch.

SCHWIERIGKEIT: ★☆☆

PORTION: **2-3 WURZELBROTE**

BACKZEIT: **25 MINUTEN**

ZUTATEN

380 g Wasser (17–20 °C)

1,5 g frische Hefe

600 g Weizenmehl (Type 550)

13 g Salz

110 g mehligkochende Kartoffeln

Salz

16 g Zuckerrübensirup

12 g Olivenöl

Außerdem

Vollkornmehl

ZUBEREITUNG

Kartoffelpüree: Kartoffeln schälen, waschen und in Salzwasser gar kochen. Anschließend pürieren und abkühlen lassen.

Teig: Alle Zutaten bis auf das Olivenöl 2 Minuten verkneten. Dann das Öl langsam einkneten und den Teig 8 Minuten langsam und schließlich 5 Minuten schneller fertig auskneten.

Erste Gehzeit (Stockgare): Den Teig luftdicht abgedeckt 8 Stunden gehen lassen, bis sich das Volumen knapp verdoppelt hat. Optional nach 1 und 2 Stunden dehnen und falten.

Weiterverarbeitung: Für das rustikale Äußere des Brotes wird zum Formen Vollkornmehl verwendet. Den Teig auf eine mit Vollkornmehl bemehlte Arbeitsfläche geben. Mit einem Metallspatel zu einem Rechteck ziehen, mit Vollkornmehl bemehlen und in 3 gleich große Stränge teilen. Diese Teigstränge leicht auseinanderziehen und jeweils in sich verdrehen. Die Wurzelteiglinge noch mal mit Vollkornmehl bemehlen und in ein bemehltes Leinentuch einschlagen.

Zweite Gehzeit (Stückgare): Die Wurzelteiglinge 1 Stunde reifen lassen.

Vorheizen: Den Backofen 45 Minuten vor dem Backen mit einem Backstein und einem Blech zum Bedampfen auf 250 °C (Ober-/Unterhitze) vorheizen.

Backen: Die Wurzelteiglinge auf den heißen Backstein geben, direkt schwaden und 10 Minuten bei 250 °C backen. Dann die Backofentür öffnen und den Dampf ablassen. Die Temperatur auf 230 °C senken und weitere 10–15 Minuten fertig backen.

Pain-d'épi-Brotkranz

Diese Brotkränze sind immer großartige Mitbringsel für ein Büfett. Auch als Brotgeschenk oder zu einem Fest eignen sie sich wunderbar. Außerdem lassen sich die kleinen Ähren auch als kleine Brötchen abzwicken.

SCHWIERIGKEIT:	PORTION:	BACKZEIT:
★★★	2 GROSSE ODER 4 KLEINE BROTKRÄNZE	25 MINUTEN

ZUTATEN

380 g Wasser (17–20 °C)

1,5 g frische Hefe

600 g Weizenmehl (Type 550)

13 g Salz

Außerdem

Heller und schwarzer Sesam

Tipp

Die Schere bemehlst du am besten leicht, damit der Teig beim Einschneiden nicht an ihr kleben bleibt.

ZUBEREITUNG

Teig: Alle Zutaten 5 Minuten langsam und dann 5–8 Minuten schnell auskneten.

Erste Gehzeit (Stockgare): Den Teig luftdicht abgedeckt 8 Stunden gehen lassen. Optional in den ersten 2 Stunden zweimal dehnen und falten. Das Ende der Gare ist erreicht, wenn sich das Teigvolumen verdoppelt hat.

Weiterverarbeitung: Den Teig auf eine leicht bemehlte Arbeitsfläche geben, den Teig für 2 Kränze halbieren oder für 4 kleine Kränze vierteln (250–260 g). Jede Teigportion zu einem Rechteck ziehen und zu einem Zylinder aufrollen und kurz entspannen lassen. Dann zu einem langen Teigstrang ausrollen. Auf ein Backpapier legen und dort zu einem Kreis legen, wobei sich die beiden Enden leicht überlappen sollten. Besprühe die Enden jeweils mit etwas Wasser ein, dann verbinden sie sich besser.

Zweite Gehzeit (Stückgare): Teiglinge mit einem Leinentuch abdecken und 45 Minuten reifen lassen.

Vorheizen: Den Backofen 45 Minuten vor dem Backen mit einem Backstahl und einem Blech zum Bedampfen auf 250 °C (Ober-/Unterhitze) vorheizen.

Backen: Direkt vor dem Backen werden die Kränze mit Wasser besprüht und mit den Sesamsaaten bestreut. Dann werden die Kreise mit einer scharfen Schere mittig ein Stück eingeschnitten.

Setze die Schnitte immer oben mittig auf dem Teigling, ohne ganz durchzuschneiden. Die so entstehenden „Blätter" legst du nach außen.

Die Kränze auf den heißen Backstahl geben, direkt schwaden und 10 Minuten bei 250 °C backen. Dann die Backofentür kurz öffnen und die Temperatur auf 235 °C senken. Weitere 10–15 Minuten backen.

Hinweis

Wenn nicht alle Brotkränze gleichzeitig in den Backofen passen, schneide nur die Brotkränze ein, die auch direkt gebacken werden. Alle anderen dürfen weiter kühl gestellt ruhen, damit sie nicht zu reif werden.

Tipp

Als Variante ohne Sesam passt der Kranz sehr gut zu einer Knoblauchbutter.

Fougasse

Noch ein köstlicher Hingucker! Wir essen unsere Fougasse am liebsten einfach mit Olivenöl, Salzflocken und Kräutern.

SCHWIERIGKEIT: ★★☆

PORTION: **2 FOUGASSES**

BACKZEIT: **20 MINUTEN**

ZUTATEN

380 g Wasser (17–20 °C)

1,5 g frische Hefe

600 g Weizenmehl (Type 550)

13 g Salz

12 g Olivenöl

Außerdem

Olivenöl, Rosmarinnadeln, Pfeffer und Meersalz (nach Belieben)

ZUBEREITUNG

Teig: Alle Zutaten bis auf das Öl auf langsamer Stufe verkneten. Nach 2 Minuten das Öl unterkneten und den Teig weitere 3 Minuten langsam und dann 5–8 Minuten schnell auskneten. Fenstertest.

Erste Gehzeit (Stockgare): Den Teig luftdicht abgedeckt 8 Stunden gehen lassen. Optional in den ersten 2 Stunden zweimal dehnen und falten. Das Teigvolumen sollte sich verdoppeln.

Weiterverarbeitung: Den Teig auf eine bemehlte Arbeitsfläche geben und halbieren. Beide Teigportionen vorformen und 15 Minuten entspannen lassen. Dann die Teigportionen durch Ziehen und leichtes Drücken in die Form eines Dreieckes bringen.

Mit einem Messer oder einem Teigspatel die typischen „Blatt-Schnitte" in den Teig bringen: dazu zuerst in der Mitte einen langen Schnitt und dann auf beiden Seiten weitere Schnitte setzen. Nun den Teig seitlich und nach oben auseinanderziehen, sodass sich die Schnitte öffnen.

Gehzeit (Stückgare): Die Fougasse-Teiglinge abdecken und für 45–60 Minuten zur Gare stellen.

Vorheizen: Den Backofen 45 Minuten vor dem Backen mit einem Backstahl auf 250 °C (Ober-/Unterhitze) vorheizen.

Backen: Direkt vor dem Backen nach Belieben das Öl mit den gehackten Kräutern und Gewürzen vermischen und die Teiglinge damit bestreichen. Die Fougasse auf den heißen Backstahl transportieren. Ohne Schwaden 10 Minuten bei 250 °C backen, dann die Backofentür öffnen und die Feuchtigkeit rauslassen, die Temperatur auf 235 °C senken und weitere 5–10 Minuten backen.

Leinsamen-Couronne

Ein schöner Brotring – Couronne mit ballaststoffreichen Leinsamen.

SCHWIERIGKEIT: ★☆☆

PORTION: 1 GROSSER ODER 2 KLEINE COURONNES

BACKZEIT: 25 MINUTEN

ZUTATEN

Für das Brühstück

100 g Wasser (kochend)

60 g helle Leinsamen

60 g dunkle Leinsamen

Für den BasisTeig

380 g Wasser (17–20°C)

1,5 g frische Hefe

600 g Weizenmehl (Type 550)

13 g Salz

20 g Leinöl

Außerdem

Helle und dunkle Leinsamen

ZUBEREITUNG

Brühstück: Saaten mit kochendem Wasser übergießen. Mindestens 1 Stunde abkühlen und verquellen lassen.

Teig: Das Brühstück mit allen Zutaten bis auf das Leinöl vermischen, 2 Minuten kneten, dann das Leinöl hinzufügen und unterkneten. Weitere 3 Minuten langsam verkneten und 5 Minuten schneller fertig auskneten. Der Teig dreht sich ein und löst sich vom Schüsselrand.

Erste Gehzeit (Stockgare): Den Teig luftdicht abgedeckt 8 Stunden gehen lassen. Optional in den ersten 2 Stunden zweimal dehnen und falten. Das Volumen sollte sich verdoppeln.

Weiterverarbeitung: Den Teig auf eine leicht bemehlte Arbeitsfläche geben, rund formen und 15 Minuten entspannen lassen. Auf die Mitte des Teiglings etwas Mehl verteilen, mit den Fingern „durchstechen" und vorsichtig nach außen zu einem Ring ziehen. Der Ring sollte dabei möglichst gleichmäßig dick werden.

Zweite Gehzeit (Stückgare): Den Teigring abgedeckt für 1–1,5 Stunden zur Gare stellen.

Vorheizen: Den Backofen 45 Minuten vor dem Backen mit einem Backstahl und einem Blech zum Bedampfen auf 250 °C (Ober-/Unterhitze) vorheizen.

Backen: Vor dem Backen den Teigring mit Wasser besprühen, mit Leinsamen bestreuen und über den Ring verteilt viermal einschneiden. Den Brotring auf den heißen Backstahl transportieren. Direkt schwaden und die Temperatur auf 235 °C senken. Für 10 Minuten bei 235 °C backen, dann die Backofentür öffnen und die Feuchtigkeit rauslassen, weitere 10–15 Minuten backen (Kerntemperatur mind. 97 °C).

Brotblume

Die Brotblume ist das ideale Brot für eine Feier oder Party. Jeder kann sich ein kleines Brötchen mit dem Topping seiner Wahl aussuchen.

SCHWIERIGKEIT: ★★☆

PORTION: **1 GROSSE BROTBLUME**

BACKZEIT: **20 MINUTEN**

ZUTATEN

380 g Wasser (17–20 °C)

1,5 g frische Hefe

600 g Weizenmehl (Type 550)

13 g Salz

18 g Olivenöl (plus etwas mehr zum Bestreichen)

Außerdem

Sesam, Mohn, Sonnenblumenkerne, Kürbiskerne, Eclats, Käse, Kräutersalz ...

ZUBEREITUNG

Teig: Alle Zutaten bis auf das Olivenöl vermischen, 2 Minuten kneten, dann das Olivenöl hinzufügen und unterkneten. Weitere 3 Minuten langsam verkneten und 5 Minuten schneller fertig auskneten. Der Teig dreht sich ein und löst sich vom Schüsselrand.

Erste Gehzeit (Stockgare): Den Teig luftdicht abgedeckt 8 Stunden gehen lassen. Dabei optional in den ersten 2 Stunden zweimal dehnen und falten. Das Ende der Gare ist erreicht, wenn sich das Teigvolumen verdoppelt hat.

Weiterverarbeitung: Den Teig auf eine leicht bemehlte Arbeitsfläche geben und in kleine Portionen von je 15–20 g teilen, das ergibt ca. 50 kleine Brötchen. Dann einen Teigling in die Mitte eines Backpapiers setzen und alle weiteren Teiglinge ringförmig außen herumsetzen, sodass eine Brotblume entsteht. Man kann zur Orientierung einen Kuchenring als Begrenzung verwenden.

Zweite Gehzeit (Stückgare): Abgedeckt 1 Stunde gehen lassen. Direkt vor dem Backen jedes Brötchen mit Öl bestreichen und abwechselnd nach Belieben mit Kräutern, Saaten, Kräutersalz oder geriebenem Käse bestreuen.

Vorheizen: Den Backofen 45 Minuten vor dem Backen mit einem Backstahl und einem Blech zum Bedampfen auf 250 °C (Ober-/Unterhitze) vorheizen.

Backen: Die Brotblume mit dem Backpapier auf den heißen Backstahl transportieren. Direkt schwaden und die Temperatur auf 235 °C senken. 10 Minuten bei 235 °C backen, dann die Backofentür öffnen und die Feuchtigkeit rauslassen, weitere 5–10 Minuten backen (Kerntemperatur mind. 97 °C).

Mini-Fladenbrote

Kleine Fladenbrote mit schneller Gehzeit, ideal für einen Ausflug oder ein spontanes Grillen. Damit die Mini-Fladenbrote schön weich und soft bleiben, sollten sie direkt nach dem Backen in ein Tuch eingewickelt werden.

SCHWIERIGKEIT: ★☆☆

PORTION: **6-8 MINI-FLADENBROTE**

BACKZEIT: **18 MINUTEN**

ZUTATEN

380 g Wasser (17–20 °C)

6 g frische Hefe

600 g Weizenmehl (Type 550)

13 g Salz

60 g Joghurt (3,5 % Fett)

6 g Olivenöl

Außerdem

Milch

Schwarzkümmelsamen

ZUBEREITUNG

Teig: Alle Zutaten bis auf das Olivenöl vermischen, 2 Minuten kneten, dann das Öl hinzufügen und 5 Minuten langsam verkneten, dann 5 Minuten auf schneller Stufe fertig kneten.

Erste Gehzeit (Stockgare): Den Teig luftdicht abgedeckt 2–3 Stunden reifen lassen. Dabei optional nach 30 Minuten und nach 1 Stunde jeweils dehnen und falten. Am Ende der Gehzeit sollte sich das Teigvolumen verdoppelt haben.

Weiterverarbeitung: Den Teig auf eine leicht bemehlte Arbeitsfläche geben, zu einem Rechteck ziehen und nach Augenmaß in 6–8 gleich große Portionen einteilen. Jede Teigportion rund formen, auf ein Backpapier mit ausreichend Abstand setzen.

Zweite Gehzeit (Stückgare): Abgedeckt 30 Minuten bei Raumtemperatur entspannen lassen, dann die Teiglinge etwas flach drücken und weitere 30 Minuten ruhen lassen.

Vorheizen: Den Backofen 45 Minuten vor dem Backen mit einem Backstahl und einem Blech zum Bedampfen auf 250 °C (Ober-/Unterhitze) vorheizen.

Backen: Vor dem Backen die Teiglinge mit Milch bestreichen und mit den Fingern Mulden in die Teiglinge drücken. Abschließend die Oberfläche mit Schwarzkümmel bestreuen.

Die Teiglinge mit dem Backpapier auf den heißen Backstahl transportieren. Direkt leicht schwaden (30–40 ml Wasser) und 15–18 Minuten bei 230 °C backen. Die Mini-Fladenbrote nicht zu dunkel ausbacken, sie werden sonst zu hart.

Nach dem Backen die Fladenbrote zum Abkühlen in ein Tuch wickeln.

Tipp

Mit weniger Hefe kann man die Fladenbrote auch am Vorabend vorbereiten und über Nacht gehen lassen.

Oliven-Tomaten-Brot

Ein wunderbar mediterranes, aromatisches Brot, das sich bestens als Beilagenbrot zum Salat oder zum Grillen eignet.

SCHWIERIGKEIT: ★☆☆

PORTION: **1 GROSSES ODER 2 KLEINE BROTE**

BACKZEIT: **45 MINUTEN**

ZUTATEN

380 g Wasser (17–20 °C)

1,5 g frische Hefe

600 g Weizenmehl (Type 550)

13 g Salz

100 g schwarze Oliven (ohne Stein)

60 g getrocknete Tomaten (in Öl)

6 g Knoblauchpulver

ZUBEREITUNG

Oliven-Tomaten-Mix: Vorab die eingelegten Oliven und die eingelegten getrockneten Tomaten trocken tupfen und grob hacken.

Teig: Alle Zutaten 8–10 Minuten langsam und 1–2 Minuten auf schneller Stufe fertig kneten. Der Teig sollte durch die Zugabe der Oliven und Tomaten lieber etwas schonender geknetet werden.

Erste Gehzeit (Stockgare): Den Teig luftdicht abgedeckt 8 Stunden gehen lassen, bis sich das Teigvolumen verdoppelt hat. Optional den Teig jeweils nach 1 und 2 Stunden dehnen und falten.

Weiterverarbeitung: Den Teig auf eine leicht bemehlte Arbeitsfläche geben, vorformen und abgedeckt 15 Minuten entspannen lassen.

Anschließend den Teig final lang formen, die Oberfläche leicht bemehlen und mit der glatten Seite nach unten in ein bemehltes Gärkörbchen legen.

Zweite Gehzeit (Stückgare): Den Teig abgedeckt für 1,5–2 Stunden zur Gare stellen, bis sich das Volumen deutlich vergrößert hat.

Vorheizen: Den Backofen 45 Minuten vor dem Backen mit einem Backstahl und einem Blech zum Bedampfen auf 250 °C (Ober-/Unterhitze) vorheizen.

Backen: Den Teig aus dem Gärkörbchen auf ein Backpapier stürzen und mit einem scharfen Messer einmal mittig über die gesamte Länge einschneiden. Den Teig mit dem Backpapier auf den heißen Backstahl geben, direkt schwaden und für 10 Minuten bei 250 °C backen. Dann die Backofentür kurz öffnen und die restliche Feuchtigkeit entweichen lassen, die Temperatur auf 235 °C senken und für weitere 35 Minuten backen (Kerntemperatur von 97 °C).

Stockbrot

Stockbrot – jeder kennt es und verbindet es mit seinen eigenen Kindheitserinnerungen. Auch meine Kinder lieben es, an einem lauen Sommerabend, einen Stock zu suchen, in der Feuerschale ein kleines Feuer anzuzünden und Stockbrot zu machen.

SCHWIERIGKEIT:	PORTION:	BACKZEIT:
★☆☆	12 STOCKBROTE	15 MINUTEN

ZUTATEN

380 g Wasser (17–20°C)

6 g frische Hefe

600 g Weizenmehl (550)

13 g Salz

6 g Honig

12 g Olivenöl

6 g Kräutersalz, getrocknete Kräuter oder Chilipulver (nach Belieben)

ZUBEREITUNG

Teig: Alle Zutaten bis auf das Öl vermischen, 2 Minuten kneten, dann das Öl und je nach Belieben noch eine Verfeinerung (beispielsweise getrocknete Kräuter, Kräutersalz oder Chilipulver) hinzufügen und 3 Minuten langsam verkneten. Am Ende den Teig weitere 5 Minuten schnell auskneten.

Erste Gehzeit (Stockgare): Den Teig luftdicht abgedeckt 2–3 Stunden reifen lassen. Optional nach 30 Minuten und nach 1 Stunde dehnen und falten.

Weiterverarbeitung: Den Teig auf eine bemehlte Arbeitsfläche geben, vorformen und 15 Minuten entspannen lassen. Dann auf ca. 50 x 50 cm ausrollen und mit einem Metallspatel in 12 Streifen unterteilen. Die Teigstreifen müssen nicht noch mal ruhen, sie können direkt gebacken werden. Dazu den Teig noch mal bemehlen und die Teigstreifen um einen geschnitzten Stock wickeln. So ergeben sich nicht „zu dicke" Stockbrote, die damit auch nicht so lange brauchen, bis sie fertig sind.

Backen: 10–15 Minuten über die Glut halten und immer wieder drehen. Dabei nicht direkt ins offene Feuer halten. Das Brot darf keinen direkten Kontakt zu den Flammen haben und auch nicht zu dicht über die Glut gehalten werden, da es sonst schwarz wird. Außerdem muss das Stockbrot immer wieder gedreht werden. Es ist fertig, wenn der Teig außenherum fest ist und sich durch leichtes Drehen einfach vom Stock löst und innen nicht mehr klebrig ist.

Hinweis

Alternativ kann man auch den Teig in 12 Teigportionen einteilen, länglich formen und dann den Stock in den Teigling stecken.

Grillbrot

Den **BasisTeig** kann man auch direkt als Flatbread auf einem Gasgrill mit Deckel zubereiten. Einfacher kann man kein Beilagenbrot backen.

SCHWIERIGKEIT: ★☆☆

PORTION: **8 KLEINE GRILLBROTE**

BACKZEIT: **10 MINUTEN**

ZUTATEN

380 g Wasser (17–20 °C)

6 g frische Hefe

600 g Weizenmehl (Type 550)

13 g Salz

20 g getrocknete Kräuter

12 g Olivenöl

ZUBEREITUNG

Teig: Alle Zutaten bis auf das Öl vermischen, 2 Minuten kneten, dann das Öl hinzufügen und 3 Minuten langsam kneten und 5–8 Minuten schneller auskneten.

Erste Gehzeit (Stockgare): Den Teig luftdicht abgedeckt 2–3 Stunden reifen lassen. Optional nach 1 Stunde einmal dehnen und falten.

Weiterverarbeitung: Den Teig auf eine bemehlte Arbeitsfläche geben, vorformen und 15 Minuten entspannen lassen. Dann auf eine Größe von ca. 30 x 20 cm ausrollen. Mit dem Metallspatel oder einem Messer in 8 möglichst gleich große Teilstücke unterteilen. Jede Teigportion auf eine bemehlte Arbeitsfläche legen und zu einem länglichen Fladen ausrollen.

Zweite Gehzeit (Stückgare): Die Teigfladen abgedeckt 15–30 Minuten reifen lassen.

Vorheizen: In der Zeit den Gasgrill vorheizen.

Backen: Die Teiglinge von Mehlresten befreien und direkt auf den Rost legen. Bei mittlerer Hitze (Richtwert: 220 °C) und geschlossenem Deckel von jeder Seite ca. 3–5 Minuten backen. Sonst den Deckel während des Backens geschlossen halten. Das Brot kann auch auf einer 2. Ebene warm gehalten werden.

Hinweis

Die Angaben zur Temperatur und Zeit können nur Richtwerte sein, da sie je nach Grill variieren. Die Erfahrungswerte und Anleitung gelten für Gasgrills mit Haube.

Rezepte mit weiteren Zutaten & Vorstufen

Für noch mehr Abwechslung im Backalltag werden nun einige Zutaten des Grundrezeptes ausgetauscht. So kommen beispielsweise andere Mehle zum Einsatz und auch das Wasser wird teilweise durch andere Flüssigkeiten ersetzt.

Außerdem haben manche Rezepte eine zusätzliche Vorstufe. Es folgt damit das nächste Backlevel. Bei einer Vorstufe wird ein Teil der Zutaten vorher verarbeitet, um die Teig- und Broteigenschaften zu optimieren. Diese Form der Teigherstellung nennt sich indirekte Teigführung. Diese Brote haben deutlich mehr Aroma und eine längere Frischhaltung.

Hinweis

Für das Backen mit Vorteigen oder Vorstufen ist ein weiterer Schritt zu planen. Beginne mit Vorstufen, die man „unabhängig“ vom eigentlichen Backprozess etwas im Voraus herstellen und bis zur Verwendung im Kühlschrank aufbewahren kann, das vereinfacht die Planung wieder.

FRISCHES BROT ZUM ABENDESSEN

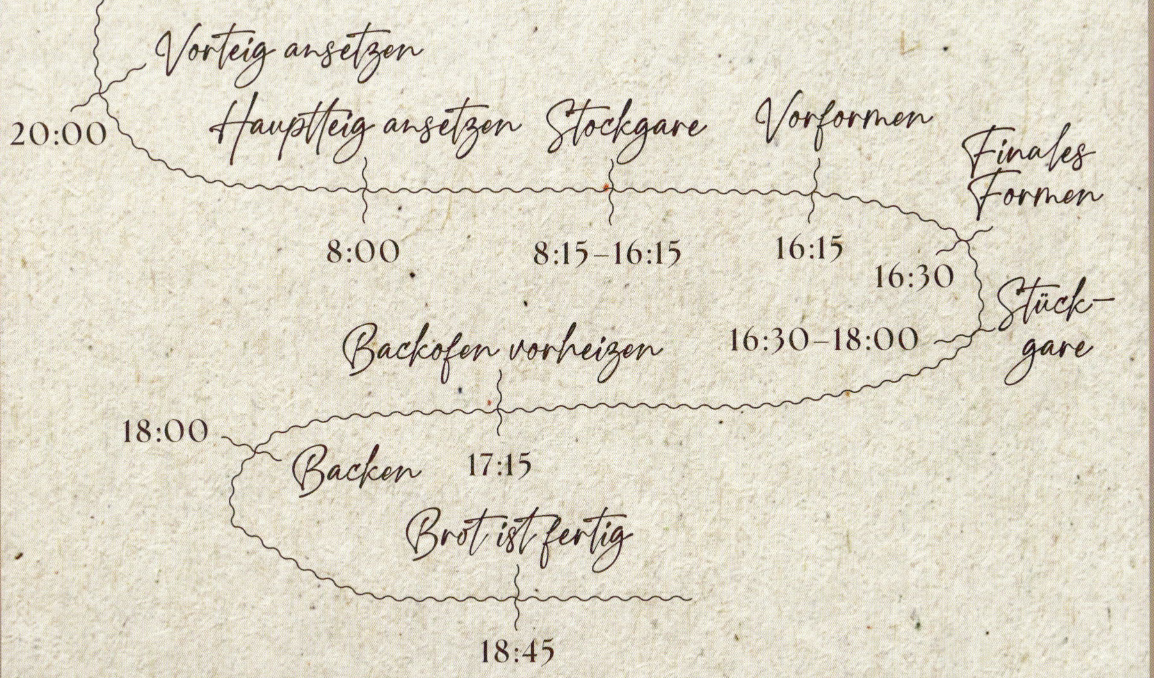

FRISCHES BROT ZUM FRÜHSTÜCK

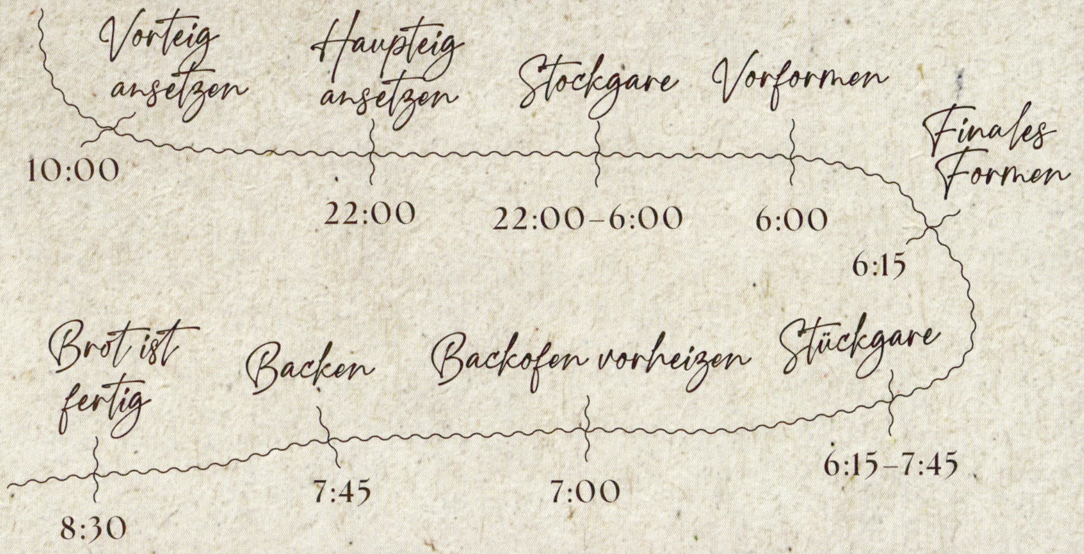

Saatenbrot

Das Brühstück mit seiner Saatenmischung gibt dem Brot eine tolle Saftigkeit, viele Ballaststoffe und ein rustikales Aroma. Das Saatenbrot ist ein sehr kerniges Alltagsbrot mit einer lockeren Krume, das wunderbar zu Wurst und Käse passt.

SCHWIERIGKEIT: ★★☆

PORTION: **1 GROSSES ODER 2 KLEINE BROTE**

BACKZEIT: **45 MINUTEN**

ZUTATEN

Für das Brühstück

30 g Sonnenblumenkerne

30 g Leinsamen

30 g Sesam

30 g schwarzer Sesam

100 g Wasser (100 °C)

Für den BasisTeig

380 g Wasser (17–20 °C)

1,5 g frische Hefe

600 g Weizenmehl (Type 550)

13 g Salz

Außerdem

Saatenmischung

ZUBEREITUNG

Brühstück: Die Saaten vermischen, mit dem kochenden Wasser übergießen und vor der Weiterverarbeitung mindestens 1 Stunde abkühlen und verquellen lassen.

Teig: Das Brühstück mit allen weiteren Zutaten 8–10 Minuten langsam und 2 Minuten schnell auskneten. Der Teig sollte sich am Ende eindrehen und vom Schüsselrand lösen.

Erste Gehzeit (Stockgare): Den Teig luftdicht abgedeckt 8 Stunden gehen lassen. Optional zweimal in den ersten 2 Stunden dehnen und falten. Das Ziel der Gare ist erreicht, wenn sich das Teigvolumen verdoppelt hat.

Weiterverarbeitung: Den Teig auf eine leicht bemehlte Arbeitsfläche geben, vorformen und abgedeckt 15 Minuten entspannen lassen.

Anschließend den Teig final rund oder lang formen. Das Gärkörbchen nur leicht bemehlen und zusätzlich mit Saaten ausstreuen. Dann den Teigling mit der Teignaht nach unten ins Gärkörbchen legen.

Zweite Gehzeit (Stückgare): Das Gärkörbchen abdecken und den Teig 1,5 –2 Stunden reifen lassen.

Vorheizen: Den Backofen 45 Minuten vor dem Backen mit einem gusseisernen Topf auf 250 °C (Ober-/Unterhitze) vorheizen.

Backen: Vor dem Backen den Teigling auf ein zugeschnittenes Backpapier stürzen und mit dem Backpapier in den heißen gusseisernen Topf heben. Das Brot 30 Minuten mit geschlossenem Deckel bei 250 °C backen. Dann den Deckel abnehmen und die Temperatur auf 235 °C senken. Das Brot weitere 15 Minuten fertig ausbacken.

Hinweis

Das Brühstück wird mit eventuell vorhandenen Wasserresten in den Teig gegeben.

WEITERE ZUTATEN UND VORSTUFEN

Landbrot

Bei dieser Variante wird anstelle des Weizenmehls Type 550 das dunklere Weizenmehl Type 1050 verwendet. Ein rustikales Landbrot, das wunderbar zu Wurst und Käse passt und durch das Brotgewürz einen schön kräftigen Charakter bekommt.

SCHWIERIGKEIT:	PORTION:	BACKZEIT:
★★★	1 GROSSES ODER 2 KLEINE BROTE	45 MINUTEN

ZUTATEN

380 g Wasser (17–20 °C)
1,5 g frische Hefe
600 g Weizenmehl (Type 1050)
13 g Salz

100 g Quark (40 % Fett)
12 g Honig
6 g Brotgewürz (siehe Tipp)

ZUBEREITUNG

Teig: Alle Zutaten vermischen, 8–10 Minuten langsam verkneten und 3–5 Minuten schnell auskneten. Fenstertest.

Erste Gehzeit (Stockgare): Den Teig luftdicht abgedeckt 8 Stunden gehen lassen. Optional zweimal dehnen und falten, je nach 1 Stunde. Das Ende der Gare ist erreicht, wenn sich das Volumen verdoppelt hat.

Weiterverarbeitung: Den Teig auf einer leicht bemehlten Arbeitsfläche vorformen und abgedeckt 15 Minuten entspannen lassen.

Den Teig je nach Belieben final rund oder lang formen. Den Teigling mit der glatten Seite nach unten in ein bemehltes Gärkörbchen legen.

Zweite Gehzeit (Stückgare): Das Gärkörbchen abdecken und den Teig 1,5–2 Stunden reifen lassen.

Vorheizen: Den Backofen 45 Minuten vor dem Backen mit einem gusseisernen Topf auf 250 °C (Ober-/Unterhitze) vorheizen.

Backen: Vor dem Backen den Teigling auf ein zugeschnittenes Backpapier stürzen und einschneiden. Den Teigling mithilfe des Backpapiers in den heißen gusseisernen Topf heben. Das Brot für 30 Minuten mit geschlossenem Deckel bei 250 °C backen. Dann den Deckel abnehmen und die Temperatur auf 235 °C senken. Das Brot für weitere 15 Minuten fertig ausbacken.

Tipp

Brotgewürz selbst herstellen: Du kannst dein Brotgewürz ganz einfach selbst herstellen, indem du zu gleichen Teilen die Samen von Fenchel, Anis, Kümmel und Koriander in einem Mörser mischst und fein vermahlst.

Zwiebelbrot

Dieses Brot erinnert mich an meine Kindheit. Jeden Samstag gab es bei unserem Bäcker frisches Zwiebelbrot – das duftete so herrlich. Ein Zwiebelbrot hat einfach einen individuellen Geruch und Geschmack und ist damit ein Brot für besondere Gelegenheiten.

SCHWIERIGKEIT: ★☆☆

PORTION: **1 GROSSES ODER 2 MITTLERE BROTE**

BACKZEIT: **35 MINUTEN**

ZUTATEN

380 g Wasser (17–20 °C)
1,5 g frische Hefe
480 g Weizenmehl (Type 550)
120 g Roggenmehl (Type 960)
13 g Salz

18 g Butter
65 g Röstzwiebeln

ZUBEREITUNG

Teig: Alle Zutaten bis auf die Butter und die Röstzwiebeln 2 Minuten verkneten, dann die restlichen Zutaten hinzufügen und gut unterkneten. Weitere 3 Minuten langsam und 5 Minuten schnell fertig auskneten. Der Teig sollte sich vom Schüsselrand lösen und am Knethaken eindrehen. Fenstertest.

Erste Gehzeit (Stockgare): Den Teig in eine geölte Teigwanne legen, luftdicht verschließen und 8 Stunden gehen lassen. Optional zweimal dehnen und falten, je nach 1 und nach 2 Stunden. Das Ende der ersten Gehzeit ist erreicht, wenn sich das Teigvolumen verdoppelt hat.

Weiterverarbeitung: Den Teig auf eine leicht bemehlte Arbeitsfläche geben, vorformen und 15 Minuten entspannen lassen. Abschließend lang formen, leicht bemehlen und mit der glatten Seite nach unten in ein bemehltes Gärkörbchen legen.

Zweite Gehzeit (Stückgare): Abgedeckt 1,5 Stunden bei Raumtemperatur reifen lassen.

Vorheizen: Den Backofen 45 Minuten vor dem Backen mit einem Backstahl und einem Blech zum Bedampfen auf 250 °C (Ober-/Unterhitze) vorheizen.

Backen: Vor dem Backen den Teigling aus dem Gärkörbchen stürzen, mittig einschneiden und auf den heißen Backstahl transportieren. Direkt schwaden und die Temperatur auf 235 °C senken. 10 Minuten bei 235 °C backen, dann die Backofentür öffnen und die Feuchtigkeit rauslassen, weitere 20–25 Minuten backen (Kerntemperatur 97 °C).

WEITERE ZUTATEN UND VORSTUFEN

Helles Dinkelkrustenbrot

Beim Backen mit Dinkelmehl bekommst du ein sehr leckeres Brot mit einem leicht nussigen Aroma. Es ist im Handling etwas empfindlicher, du solltest deinen Teig also etwas schonender behandeln. Für eine schön saftige Krume arbeitest du mit einem zusätzlichen Mehlkochstück.

SCHWIERIGKEIT: ★★☆

PORTION: **1 GROSSES ODER 2 KLEINE BROTE**

BACKZEIT: **45 MINUTEN**

ZUTATEN

Für das Mehlkochstück

20 g Dinkelmehl (Type 630)

100 g Wasser (kalt)

Für den BasisTeig

380 g Wasser (17–20 °C)

1,5 g frische Hefe

600 g Dinkelmehl (Type 630)

13 g Salz

ZUBEREITUNG

Mehlkochstück: Das Mehl im kalten Wasser klümpchenfrei verrühren. Dann unter ständigem Rühren aufkochen und eindicken lassen. Kurz abkühlen lassen und direkt an der Oberfläche mit einer Folie abdecken und ganz auskühlen lassen. (Im Kühlschrank 2 Tage haltbar.)

Teig: Alle Zutaten inklusive Kochstück vermischen, 8–10 Minuten langsam verkneten und 2 Minuten schneller auskneten. Den Teig schonend kneten und bei Bedarf während des Knetvorgangs 15 Minuten abgedeckt in den Kühlschrank stellen (bei warmem Teig).

Erste Gehzeit (Stockgare): Den Teig luftdicht abgedeckt 8 Stunden gehen lassen. Optional in den ersten 2 Stunden zweimal dehnen und falten. Das Ende der Gare ist erreicht, wenn sich das Teigvolumen knapp verdoppelt hat.

Weiterverarbeitung: Den Teig auf eine leicht bemehlte Arbeitsfläche geben, vorformen und abgedeckt 15 Minuten entspannen lassen. Final rund formen und den Teigling mit der Teignaht nach unten in ein bemehltes Gärkörbchen legen.

Zweite Gehzeit (Stückgare): Das Gärkörbchen abdecken und den Teigling 1,5–2 Stunden reifen lassen.

Vorheizen: Den Backofen 45 Minuten vor dem Backen mit einem gusseisernen Topf auf 250 °C (Ober-/Unterhitze) vorheizen.

Backen: Vor dem Backen den Teigling auf ein zugeschnittenes Backpapier stürzen und mithilfe des Backpapiers in den heißen gusseisernen Topf heben. Das Brot 30 Minuten mit geschlossenem Deckel bei 250 °C backen. Dann den Deckel abnehmen, die Temperatur auf 235 °C senken und das Brot weitere 15 Minuten fertig ausbacken.

Hinweis

Alle, die das Rezept ohne Mehlkochstück backen wollen, orientieren sich an dem Rezept Dinkel-Joghurt-Brot (S. 96).

Dinkel-Joghurt-Brot

Das dunkle Dinkelmehl ergibt ein rustikales Alltagsbrot. Anstelle eines Mehlkochstücks verleiht hier Joghurt dem Brot viel Frische. Es hat ein mildes Aroma und passt wunderbar zu allen Aufstrichen und Belägen.

SCHWIERIGKEIT: ★★☆

PORTION: **1 GROSSES ODER 2 KLEINE BROTE**

BACKZEIT: **45 MINUTEN**

ZUTATEN

380 g Joghurt (kalt; 3,5 % Fett)
1,5 g frische Hefe
600 g Dinkelmehl (Type 1050)
13 g Salz

30 g Milch
6 g Honig
1 Ei (Größe M)
20 g Butter

ZUBEREITUNG

Teig: Alle Zutaten bis auf die Butter vermischen und 5 Minuten langsam verkneten, dann die Butter hinzufügen und weitere 5 Minuten langsam und abschließend 2 Minuten schneller auskneten.

Erste Gehzeit (Stockgare): Den Teig luftdicht abgedeckt 8 Stunden gehen lassen. Optional nach 1 und 2 Stunden dehnen und falten. Am Ende sollte sich das Teigvolumen knapp verdoppelt haben.

Weiterverarbeitung: Den Teig auf eine leicht bemehlte Arbeitsfläche geben, vorformen und abgedeckt 15 Minuten entspannen lassen. Final rund formen, dabei für eine rustikale Kruste mit etwas gröberem Mehl arbeiten und dieses beim Rundformen etwas in die Teignaht einarbeiten. Den Teigling mit der Teignaht nach unten in ein bemehltes Gärkörbchen legen.

Zweite Gehzeit (Stückgare): Das Gärkörbchen abdecken und den Teig 1,5–2 Stunden reifen lassen.

Vorheizen: Den Backofen 45 Minuten vor dem Backen mit einem gusseisernen Topf auf 250 °C (Ober-/Unterhitze) vorheizen.

Backen: Vor dem Backen den Teigling auf ein zugeschnittenes Backpapier stürzen. Nun liegt die Teignaht oben und die Kruste kann beim Backen schön wild aufreißen. Den Teigling mithilfe des Backpapiers in den heißen gusseisernen Topf heben. Das Brot 30 Minuten mit geschlossenem Deckel bei 250 °C backen. Dann den Deckel abnehmen und die Temperatur auf 235 °C senken. Das Brot weitere 15 Minuten fertig ausbacken.

Hinweis

Dinkel ist anfällig fürs Überkneten und sollte darum lieber länger langsam geknetet und nur kurz schneller geknetet werden.

Weitere Zutaten und Vorstufen

Sandwich-Toast

Nicht nur für Sandwiches ist dieses Brot bei uns sehr beliebt und schlägt die Supermarkt-Alternativen um Längen. Ein Toastbrot zeichnet sich durch eine feinporige Krume und eine dünne Kruste aus. Hier bringt die Buttermilch zudem einen tollen Geschmack ins Brot.

SCHWIERIGKEIT: ★★★

PORTION: **1 SANDWICHTOAST**

BACKZEIT: **45 MINUTEN**

ZUTATEN

380 g Buttermilch (kalt)

1,5 g frische Hefe

500 g Weizenmehl (Type 550)

100 g Weizenvollkornmehl

13 g Salz

80 g Quark (40 % Fett)

12 g Honig

20 g Butter

Außerdem

Saaten zum Bestreuen (nach Belieben)

Kastenform (24 x 11 x 8 cm)

ZUBEREITUNG

Teig: Alle Zutaten bis auf die Butter 2 Minuten langsam verkneten, dann die Butter hinzufügen und weitere 5 Minuten langsam und 5 Minuten schnell auskneten. Durch den Butter- und Quarkanteil ist der Fenstertest etwas schwieriger. Der Teig braucht vorher ein paar Minuten Zeit, um sich zu entspannen.

Erste Gehzeit (Stockgare): Den Teig luftdicht abgedeckt 8 Stunden gehen lassen, bis sich das Volumen verdoppelt hat. Optional nach 1 und 2 Stunden dehnen und falten.

Weiterverarbeitung: Den Teig auf eine bemehlte Arbeitsfläche geben und in 2–6 gleich große Teigportionen einteilen. Jede Teigportion rund formen. Die Teiglinge in eine ausgefettete und bemehlte oder mit Backpapier ausgelegte Kastenform legen.

Zweite Gehzeit (Stückgare): Die Kastenform luftdicht abdecken und den Teig 1,5–2 Stunden reifen lassen.

Vorheizen: Den Backofen 45 Minuten vor dem Backen mit einem Backstahl und einem Blech zum Bedampfen auf 235 °C (Ober-/Unterhitze) vorheizen.

Backen: Vor dem Backen die Teigoberfläche mit Wasser besprühen und nach Belieben mit Saaten bestreuen. Den Teigling einmal über die gesamte Länge mit einem scharfen Messer (Wellenschliff) einschneiden.

Die Kastenform direkt auf den Backstahl stellen und den Teigling mit Schwaden 15 Minuten bei 230 °C backen, dann die Tür öffnen und den restlichen Dampf ablassen. Weitere 20 Minuten in der Form backen, dann aus der Form rausnehmen und noch mal 10 Minuten bei 220 °C fertig backen.

Tipp

Backe das Toastbrot doch mal auf Vorrat. Schneide es, wenn es abgekühlt ist, in Scheiben und friere es portionsweise ein. So kannst du nach Bedarf ganz schnell die gewünschte Menge entnehmen und frisch toasten.

Hinweis

Je nach Materialstärke der Kastenform kann die Backzeit von den gemachten Angaben abweichen.

WEITERE ZUTATEN UND VORSTUFEN

Klassisches Mischbrot

Ein typisches Mischbrot ist eine Kombination aus Weizen- und Roggenmehl und damit eines der deutschen Lieblingsbrote. Dieses Brot ist wunderbar leicht und luftig und hat zusätzlich ein tolles Aroma.

SCHWIERIGKEIT:
★★★

PORTION:
1 GROSSES ODER 2 KLEINE BROTE

BACKZEIT:
45 MINUTEN

ZUTATEN

380 g Wasser (17–20 °C)
1,5 g frische Hefe
480 g Weizenmehl (Type 1050)
120 g Roggenmehl (Type 815)
13 g Salz

60 g Quark (40 % Fett)
16 g Zuckerrübensirup
6 g Brotgewürz
20 g Butter

ZUBEREITUNG

Teig: Alle Zutaten bis auf die Butter 3 Minuten langsam verkneten. Dann die Butter hinzufügen und weitere 5–8 Minuten langsam und 2 Minuten schnell auskneten.

Erste Gehzeit (Stockgare): Den Teig luftdicht abgedeckt 8 Stunden gehen lassen. In den ersten 2 Stunden den Teig optional zwei- bis viermal dehnen und falten. Das Ende der Gare ist erreicht, wenn sich das Teigvolumen verdoppelt hat.

Weiterverarbeitung: Den Teig auf eine mit Roggenmehl bemehlte Arbeitsfläche geben und vorformen. Abgedeckt 15 Minuten entspannen lassen. Anschließend final rund oder lang formen. Den Teigling mit der glatten Seite nach unten in ein bemehltes Gärkörbchen legen.

Zweite Gehzeit (Stückgare): Das Gärkörbchen abdecken und den Teig 1,5–2 Stunden reifen lassen.

Vorheizen: Den Backofen 45 Minuten vor dem Backen mit einem gusseisernen Topf auf 250 °C (Ober-/Unterhitze) vorheizen.

Backen: Vor dem Backen den Teigling auf ein zugeschnittenes Backpapier stürzen, einschneiden und mithilfe des Backpapiers in den heißen gusseisernen Topf heben. Das Brot 30 Minuten mit geschlossenem Deckel bei 250 °C backen. Dann den Deckel abnehmen und die Temperatur auf 235 °C senken. Das Brot weitere 15 Minuten fertig ausbacken.

Weitere Zutaten und Vorstufen

Haferflocken-Kastenbrot

Haferflocken in Form eines Porridges eignen sich wunderbar als Vorstufe und bringen so viel Saftigkeit in das Brot.

SCHWIERIGKEIT: ★★★

PORTION: **1 KASTENBROT**

BACKZEIT: **40 MINUTEN**

ZUTATEN

Für das Porridge

30 g Haferflocken (Kleinblatt)

120 g Wasser

10 g Honig

Für den BasisTeig

380 g Wasser (17–20 °C)

1,5 g frische Hefe

600 g Dinkelmehl (Type 630)

13 g Salz

Außerdem

Haferflocken

Kastenform (24 x 11 x 8 cm)

ZUBEREITUNG

Porridge: Haferflocken mit dem Wasser und dem Honig in einen Topf geben und kurz aufkochen lassen. Mit einem Deckel abdecken und 1 Stunde verquellen und abkühlen lassen.

Teig: Alle Zutaten inklusive Porridge 10 Minuten langsam und anschließend 3 Minuten schnell auskneten. Fenstertest.

Erste Gehzeit (Stockgare): Den Teig luftdicht abgedeckt 8 Stunden gehen lassen. Dabei optional in den ersten 2 Stunden zweimal dehnen und falten. Am Ende sollte sich das Teigvolumen verdoppelt haben.

Weiterverarbeitung: Den Teig auf eine leicht bemehlte Arbeitsfläche geben und vorformen. 15 Minuten entspannen lassen. Danach lang aufrollen. Eine Kastenform leicht fetten und mit Haferflocken ausstreuen. Den Teigling mit der Teignaht nach unten in die Kastenform legen, mit etwas Wasser besprühen und mit Haferflocken bestreuen.

Zweite Gehzeit (Stückgare): Die Kastenform abdecken und den Teig für 1,5–2 Stunden reifen lassen.

Vorheizen: Den Backofen 45 Minuten vor dem Backen mit einem Backstahl und einem Blech zum Schwaden auf 235 °C (Ober-/Unterhitze) vorheizen.

Backen: Optional vor dem Backen den Teigling mittig über die gesamte Länge einschneiden. Die Kastenform auf den vorgeheizten Backstahl setzen, sofort schwaden und den Teigling 10 Minuten bei 235 °C backen. Nach 10 Minuten den restlichen Dampf ablassen, weitere 25 Minuten bei 235 °C backen. Für mehr Farbe kann das Kastenbrot am Ende weitere 5 Minuten ohne Form gebacken werden.

Hinweis

Je nach Materialstärke der Kastenform kann die Backzeit von den gemachten Angaben abweichen.

Fladenbrot

Dieses Fladenbrot bekommt durch den Vorteig einen tollen Geschmack und ist nach dem Backen richtig schön luftig und leicht.

SCHWIERIGKEIT: ★★★

PORTION: **1 GROSSES BROT**

BACKZEIT: **20 MINUTEN**

ZUTATEN

Für den Vorteig (Poolish)

0,4 g frische Hefe

100 g Wasser (17–20 °C)

100 g Weizenmehl (Type 550)

Für den BasisTeig

380 g Wasser (17–20 °C)

1,5 g frische Hefe

600 g Weizenmehl (Type 550)

13 g Salz

60 g Quark (40 % Fett)

12 g Olivenöl

Außerdem

Milch

Schwarzkümmelsamen (alternativ schwarzer Sesam)

ZUBEREITUNG

Vorteig: Zuerst die Hefe im Wasser auflösen, dann das Mehl hinzufügen und alles mit einem Löffel so lange verrühren, bis ein homogener Teig entstanden ist. Die Schüssel luftdicht abdecken und den Vorteig 12 Stunden bei Raumtemperatur (20–22 °C) reifen lassen, dann direkt verarbeiten oder bis zur weiteren Verarbeitung im Kühlschrank aufbewahren.

Teig: Vorteig mit allen weiteren Zutaten bis auf das Öl vermischen, 2 Minuten langsam kneten, dann das Öl hinzufügen und weitere 5 Minuten langsam verkneten. Bei Bedarf vom Knethaken auf das Paddel wechseln und 5–8 Minuten schnell auskneten. Fenstertest.

Erste Gehzeit (Stockgare): Den Teig luftdicht abgedeckt 8 Stunden bei Raumtemperatur gehen lassen. Optional den Teig innerhalb von 2 Stunden zweimal dehnen und falten.

Weiterverarbeitung: Den Teig auf eine bemehlte Arbeitsfläche geben, zur Mitte zusammenfalten und umgedreht (mit der Teignaht nach unten) auf ein leicht bemehltes Backpapier legen.

Zweite Gehzeit (Stückgare): Abgedeckt 1,5–2 Stunden reifen lassen.

Vorheizen: Den Backofen 45 Minuten vor dem Backen mit einem Backstein/Backstahl auf 250 °C (Ober-/Unterhitze) vorheizen.

Backen: Vor dem Backen den Teig mit Milch bestreichen, mit den Fingern Mulden in den Teig drücken und den Teig mit Schwarzkümmel (alternativ schwarzer Sesam) bestreuen. Den Teig mit dem Backpapier auf den heißen Backstein/Backstahl transportieren. Direkt schwaden und 10 Minuten bei 250 °C backen, dann die Backofentür öffnen und die Feuchtigkeit rauslassen, die Temperatur auf 220 °C senken und weitere 7–10 Minuten backen.

Hinweis

Das Fladenbrot kann auch gut mit einem der Spezialmehle wie Tipo 00 oder dem T65 gebacken werden. Diese Mehle können die Feuchtigkeit noch besser aufnehmen und die Teigbearbeitung wird einfacher.

WEITERE ZUTATEN UND VORSTUFEN

Italienisches Landbrot

Ein richtiges Sommerbrot, das durch das Hartweizenmehl eine Krume mit einer sonnengelben Farbe bekommt. Die Kombination der beiden italienischen Mehle Tipo 00 und Semola (Hartweizenmehl) mag ich besonders. Es entstehen Brote, die wunderbar zu Antipasti, aber auch zu einem herzhaften Käse oder einer italienischen Salami passen.

SCHWIERIGKEIT: ★★☆

PORTION: **1 GROSSES ODER 2 KLEINE BROTE**

BACKZEIT: **45 MINUTEN**

ZUTATEN

Für den Vorteig

0,4 g frische Hefe

100 g Wasser (kalt)

100 g Semola (Hartweizenmehl)

Für den BasisTeig

380 g Wasser (17–20 °C)

1,5 g frische Hefe

600 g Weizenmehl (Tipo 00)

13 g Salz

ZUBEREITUNG

Vorteig: Zuerst die Hefe im Wasser auflösen, dann das Hartweizenmehl hinzufügen und alles mit einem Löffel so lange verrühren, bis ein homogener Teig entstanden ist. Die Schüssel luftdicht abdecken und den Vorteig 10–12 Stunden bei Raumtemperatur (20–22 °C) reifen lassen, dann direkt verarbeiten oder bis zur weiteren Verarbeitung im Kühlschrank aufbewahren.

Teig: Alle Zutaten inklusive Vorteig 2 Minuten vermischen, weitere 5 Minuten langsam und anschließend 5 Minuten schnell auskneten. Der Teig ist etwas weicher. Wird er beim Kneten zu weich oder warm, stelle ihn für 15 Minuten in den Kühlschrank, bevor du ihn fertig ausknetest.

Erste Gehzeit (Stockgare): Den Teig luftdicht abgedeckt 8 Stunden gehen lassen. Optional zwei- bis viermal in den ersten 2 Stunden dehnen und falten. Das Ende der Gare ist erreicht, wenn sich das Teigvolumen verdoppelt hat.

Weiterverarbeitung: Den Teig auf eine leicht bemehlte Arbeitsfläche geben, vorformen und abgedeckt 15 Minuten entspannen lassen.

Den Teig final rund oder lang formen und den Teigling mit der Teignaht nach oben in ein bemehltes Gärkörbchen legen.

Zweite Gehzeit (Stückgare): Das Gärkörbchen abdecken und den Teig 1,5–2 Stunden reifen lassen.

Vorheizen: Den Backofen 45 Minuten vor dem Backen mit einem gusseisernen Topf auf 250 °C (Ober-/Unterhitze) vorheizen.

Backen: Vor dem Backen den Teigling auf ein zugeschnittenes Backpapier stürzen, im Kreuzschnitt einschneiden und mithilfe des Backpapiers in den heißen gusseisernen Topf heben. Das Brot 30 Minuten mit geschlossenem Deckel bei 250 °C backen. Dann den Deckel abnehmen und die Temperatur auf 235 °C senken. Das Brot weitere 15 Minuten fertig ausbacken.

Hinweis

Wenn Weizenmehl Type 550 verwendet wird, muss ggf. die Wassermenge reduziert werden.

WEITERE ZUTATEN UND VORSTUFEN

Ciabatta

Der italienische Brotklassiker bekommt durch seine lange kalte Reifezeit ein ganz besonderes Aroma. Wir lieben Ciabatta vor allem in den Sommermonaten, einfach mit etwas Olivenöl und Salz und dazu sonnenreife Tomaten – für uns ein italienischer Genussmoment.

SCHWIERIGKEIT: ★★★

PORTION: **3-4 CIABATTE**

BACKZEIT: **25 MINUTEN**

ZUTATEN

380 g Wasser (17–20 °C)
1,5 g frische Hefe
600 g Weizenmehl (Tipo 00)
13 g Salz

14 g Olivenöl
20–40 g Wasser (kalt)

Hinweis

Wenn Weizenmehl Type 550 verwendet wird, muss ggf. die Wassermenge angepasst werden.

ZUBEREITUNG

Teig: Alle Zutaten bis auf das Olivenöl und das zusätzliche Wasser vermischen und 2 Minuten langsam verkneten. Dann langsam das Olivenöl dazugeben und weitere 3 Minuten langsam und 5 Minuten auf schnellerer Stufe weiter kneten. Jetzt erst entscheiden, ob der Teig noch das zusätzliche Wasser aufnehmen kann. Das kalte Wasser nur schluckweise hinzugeben und zwischendurch immer ganz einkneten.

Erste Gehzeit (Stockgare): Den Teig luftdicht abgedeckt 2 Stunden bei Raumtemperatur gehen lassen, optional zweimal dehnen und falten. Dann kommt der Teig weitere 12 Stunden bei 6 °C in den Kühlschrank. Vor der Weiterverarbeitung darf er zusätzlich für 2 Stunden bei Raumtemperatur akklimatisieren.

Weiterverarbeitung: Den Teig auf eine bemehlte Arbeitsfläche geben. Etwas Mehl mit einem Teigspatel von allen Seiten vorsichtig unter dem Teig verteilen und dann den Teig mit dem Spatel vorsichtig zu einem Rechteck ziehen. Anschließend 3 Teiglinge mit einem bemehlten Metallspatel abstechen und vorsichtig von zwei Seiten zur Mitte einschlagen. Mit der Teignaht nach unten in ein gut bemehltes Leinentuch legen, dabei zwischen den Teiglingen das Leinentuch hochziehen. Die Teiglinge mit dem Tuch abdecken.

Zweite Gehzeit (Stückgare): Teiglinge 45 Minuten reifen lassen.

Vorheizen: Den Backofen 45 Minuten vor dem Backen mit einem Backstein/Backstahl auf 250 °C (Ober-/Unterhitze) vorheizen.

Backen: Teiglinge vorsichtig aus dem Leinen auf den heißen Backstahl transportieren. Direkt schwaden und 10 Minuten bei 250 °C backen, dann die Backofentür öffnen und die Feuchtigkeit rauslassen, die Temperatur auf 235 °C senken und weitere 10–15 Minuten backen. Ciabatta sollte nicht zu dunkel gebacken werden.

Hinweis

Für eine weiche Kruste die Ciabatte direkt nach dem Backen in ein Tuch einschlagen.

Weitere Zutaten und Vorstufen

Rustikales Baguette

Ein leckeres Baguette gehört zu meinen absoluten Lieblingsbroten und damit begann auch meine Backleidenschaft. Auch wenn es nicht zu einem Anfängerbrot gehört, aber das wusste ich damals zum Glück noch nicht ...

SCHWIERIGKEIT: ★★★ | PORTION: **4 BAGUETTES** | BACKZEIT: **25 MINUTEN**

ZUTATEN

Für den Vorteig (Poolish)

0,4 g Frischhefe

100 g Wasser (kalt)

100 g französisches Baguettemehl (T65)

Für den BasisTeig

380 g Wasser (17–20 °C)

1,5 g Frischhefe

600 g T65 (französisches Baguettemehl)

13 g Salz

ZUBEREITUNG

Vorteig: Die Hefe im Wasser verrühren und dann mit dem Mehl klümpchenfrei vermengen. Den Vorteig luftdicht abgedeckt bei Raumtemperatur 12 Stunden reifen lassen.

Teig: Alle Zutaten inklusive Vorteig 3 Minuten langsam vermischen und weitere 5 Minuten langsam und schließlich 5–8 Minuten schnell auskneten. Fenstertest.

Erste Gehzeit (Stockgare): Den Teig luftdicht abgedeckt 8 Stunden gehen lassen. Optional viermal alle 30 Minuten in den ersten 2 Stunden dehnen und falten. Das Teigvolumen sollte sich verdoppeln.

Weiterverarbeitung: Den Teig auf eine bemehlte Arbeitsfläche geben. Mit einem Metallspatel zu einem Rechteck ziehen und in 4 Teile einteilen (je 280–300 g). Jede Portion zu einem Rechteck ziehen und zu einem Zylinder aufrollen. Mit der Teignaht nach unten 15 Minuten abgedeckt entspannen lassen.

Die Zylinder umdrehen, leicht flach drücken und die hintere lange Seite nach und nach zur Mitte klappen. Den Teigling um 180° drehen und Stück für Stück von der hinteren Kante bis ganz nach vorne ziehen und festdrücken.

Anschließend den Teigling final ausrollen und mit der Teignaht nach unten in ein bemehltes Bäckerleinen legen. Zwischen den Teiglingen das Tuch zur Stabilisierung hochziehen.

Zweite Gehzeit (Stückgare): Die Teiglinge abgedeckt 45 Minuten reifen lassen.

AUF DER NÄCHSTEN SEITE GEHT'S WEITER

Hinweis

Das französische Mehl T65 ist genau auf die Backeigenschaften für Baguettes abgestimmt. Es kann mehr Wasser aufnehmen als ein handelsübliches Weizenmehl (Type 550).

SO GEHT'S WEITER

Vorheizen: In dieser Zeit den Backofen mit einem Backstahl und einem Blech zum Bedampfen auf 250 °C (Ober-/Unterhitze) vorheizen.

Backen: Vor dem Backen vorsichtig die Baguette-Teiglinge aus dem Bäckerleinen auf ein Backpapier heben und mit einem Bäckermesser drei- bis fünfmal einschneiden – (Schnittwinkel 45°). Teigling mit dem Backpapier auf den heißen Backstahl transportieren. Direkt schwaden und 10 Minuten bei 250 °C backen, dann die Backofentür öffnen und die Feuchtigkeit rauslassen, die Temperatur auf 235 °C senken und weitere 10–15 Minuten backen. Wer dunklere Baguettes möchte, backt durchgängig bei 250 °C. (Kerntemperatur mind. 97 °C).

Brote als Mahlzeit

Der **BasisTeig** lässt sich auch wunderbar in eine Brot-Mahlzeit verwandeln. Beispielsweise zu einem leckeren Pizzateig, einem Pesto-Kranz oder zu einer Focaccia.

Die Rezepte sind teilweise mit einer höheren Hefemenge angesetzt, um die Gehzeiten zu verkürzen. So kannst du dich morgens noch spontan für eine leckere Brot-Mahlzeit entscheiden. Wie du die Gehzeiten ändern kannst, erfährst du im Grundlagenteil (Seite 9).

KURZE GEHZEIT VON 3 STUNDEN:

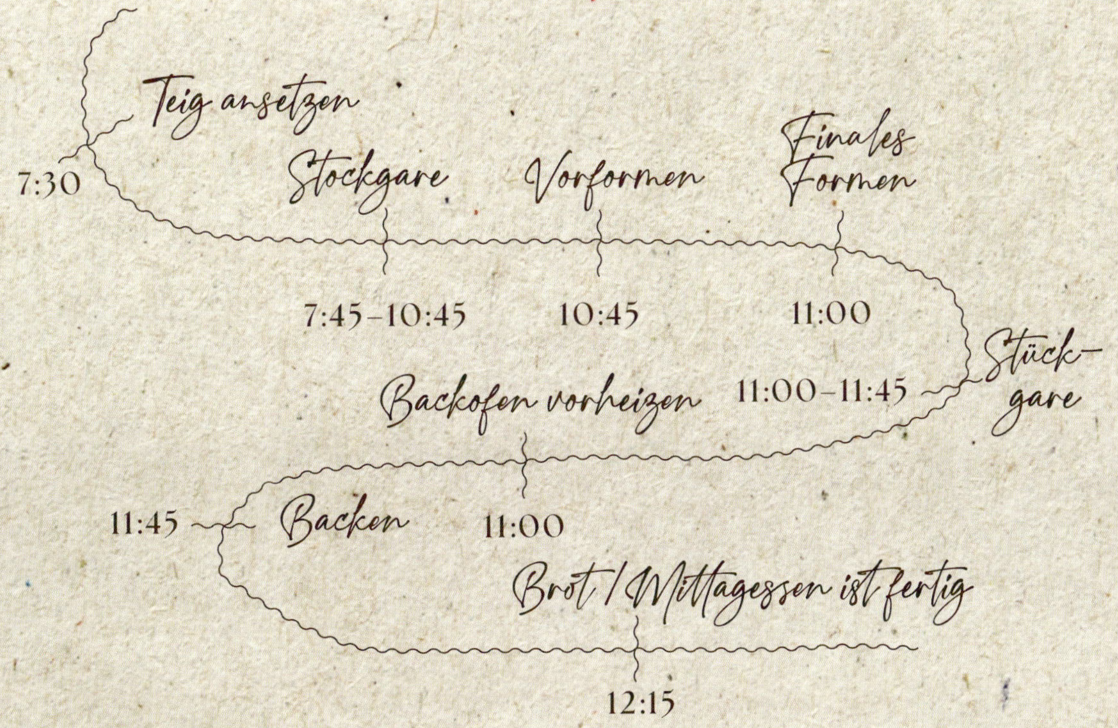

Pizza

Ein leckere Pizza, wer mag das nicht. Das ist richtiges Soulfood. Es gibt so viele Pizzavarianten, diese Variante aus dem **BasisTeig** bekommt durch das Semola-Mehl einen besonders knusprigen Boden. Eine gute Pizza braucht viel Hitze, also heize deinen Backofen richtig gut auf.

SCHWIERIGKEIT: ★★★ | PORTION: 6 PIZZEN | BACKZEIT: 8 MINUTEN

ZUTATEN

Für die Pizzasauce

1 kleine Schalotte

1 kleine Knoblauchzehe

Olivenöl

1 Dose gehackte Tomaten

1 TL Tomatenmark

Salz, Pfeffer, Oregano

1 TL Honig

Für den Teig

380 g Wasser (17–20 °C)

1,5 g frische Hefe

600 Weizenmehl (Type 550)

13 g Salz

12 g Olivenöl

Außerdem

Semola zum Ausrollen

ZUBEREITUNG

Pizzasauce: Schalotte und Knoblauchzehe fein hacken und in Olivenöl anschwitzen. Mit gehackten Tomaten ablöschen. Tomatenmark hinzufügen und mit Salz, Pfeffer, Oregano und Honig würzen. Die Sauce kurz einkochen und dann abkühlen lassen – wer mag, püriert die Sauce noch.

Teig: Alle Zutaten bis auf das Olivenöl vermischen und 2 Minuten langsam verkneten, dann das Öl nach und nach hinzufügen, gut unterkneten und weitere 5 Minuten langsam sowie 5 Minuten schnell auskneten. Fenstertest.

Erste Gehzeit (Stockgare): Den Teig luftdicht abgedeckt 1,5–2 Stunden gehen lassen.

Weiterverarbeitung: Den Teig auf eine leicht bemehlte Arbeitsfläche geben, in 6 gleich große Portionen einteilen und rund formen.

Zweite Gehzeit (Stückgare): Die Teiglinge in eine geölte und mit Mehl ausgestreute Teigwanne legen. Diese luftdicht abdecken und den Teig 12 Stunden im Kühlschrank gehen lassen. Anschließend für weitere 3 Stunden bei Raumtemperatur akklimatisieren lassen.

Zweite Aufarbeitung: Die aufgegangenen Ballen auf eine bemehlte Arbeitsfläche geben. Die Ballen erst etwas flach drücken, dann den Teig mit den Fingerspitzen von innen nach außen drücken. So entstehen 3–5 mm dünne Teigfladen mit einem dickeren Rand. Auf dem Teig die Pizzasauce und Zutaten deiner Wahl verteilen.

Vorheizen: Den Backofen 45 Minuten vor dem Backen mit einem Backstahl auf mindestens 250 °C (Umluft oder Ober-/Unterhitze) vorheizen.

Backen: Die Pizza auf den heißen Backstahl geben und auf mittlerer Schiene bei 250 °C 5–8 Minuten backen.

Tipp

Für einen besonders knusprigen Pizzaboden zum Formen Semola verwenden.

Pizzabrötchen

Diese Pizzabrötchen backe ich gerne gleich in einer großen Anzahl. Denn sie lassen sich wunderbar einfrieren und können tiefgefroren direkt im Backofen aufgebacken werden.

SCHWIERIGKEIT: ★★☆ | PORTION: 12 PIZZABRÖTCHEN | BACKZEIT: 20 MINUTEN

ZUTATEN

Für die Pizzasauce

1 kleine Schalotte

1 kleine Knoblauchzehe

Olivenöl

1 Dose gehackte Tomaten

1 TL Tomatenmark

Salz, Pfeffer

getrockneter Oregano

1 TL Honig

Für den Teig

380 g Wasser (17–20 °C)

6 g frische Hefe

600 g Weizenmehl (Type 550)

13 g Salz

6 g Olivenöl

ZUBEREITUNG

Pizzasauce: Schalotte und Knoblauch schälen, fein hacken und in Olivenöl anschwitzen. Mit gehackten Tomaten ablöschen. Tomatenmark hinzufügen und mit Salz, Pfeffer, Oregano und Honig würzen. Die Sauce kurz einkochen, dann abkühlen lassen – wer mag, püriert sie noch.

Teig: Alle Zutaten bis auf das Olivenöl vermischen und 2 Minuten langsam kneten, dann das Öl gut unterkneten und weitere 5 Minuten langsam sowie 5 Minuten schnell auskneten. Fenstertest.

Erste Gehzeit (Stockgare): Den Teig luftdicht abgedeckt 2–3 Stunden gehen lassen, optional nach 1 Stunde einmal dehnen und falten. Das Volumen sollte sich verdoppelt haben.

Vorheizen: Den Backofen 45 Minuten vor dem Backen mit Backstein und einem Blech zum Bedampfen auf 250 °C (Ober-/Unterhitze) vorheizen.

Weiterverarbeitung: Den Teig auf eine bemehlte Arbeitsfläche geben und in 12 Teilstücke zu ca. 85 g teilen. Die Teigportionen rund formen und 15 Minuten entspannen lassen.

Anschließend zu länglichen Teigfladen ausrollen. Eine Hälfte des Teigfladens mit Tomatensauce bestreichen und nach Belieben mit weiteren Zutaten belegen. Dabei einen Rand von 1 cm frei lassen. Von der langen Seite zur langen Seite zuklappen und die Teignaht gut verschließen. Dann den Teigling drehen, sodass die Teignaht unten liegt und der Teigling die Form eines länglichen Brötchens bekommt. Mit der Teignaht nach unten auf ein Backpapier setzen und mit Öl bestreichen.

Die Brötchen werden ohne weitere Gehzeit direkt gebacken.

Backen: Die Pizzabrötchen mit dem Backpapier auf den heißen Backstein geben. Mit Schwaden 10 Minuten backen, Dampf ablassen und weitere 10 Minuten backen. Die Brötchen sollten von außen fest sein, wenn man mit dem Finger dagegenklopft. Sonst die Backzeit noch etwas verlängern.

Hinweis

Meine Backerfahrung hat gezeigt, dass eine längliche Form der Brötchen von Vorteil ist, da sich so die Füllung ausgewogener verteilt.

Pesto-Kranz

Dieser herzhafte Pesto-Kranz ist nicht nur eine vollwertige Mahlzeit, sondern sieht auch auf einem Büfett toll aus.

SCHWIERIGKEIT: ★★★ | PORTION: 1 GROSSER KRANZ | BACKZEIT: 30 MINUTEN

ZUTATEN

380 g Wasser (17–20 °C)
6 g frische Hefe
600 g Weizenmehl (Type 550)
13 g Salz

Außerdem

Basilikumpesto
geriebener Parmesan

ZUBEREITUNG

Teig: Alle Zutaten vermischen und 2 Minuten langsam verkneten, dann weitere 5 Minuten langsam und 3–5 Minuten schnell auskneten.

Erste Gehzeit (Stockgare): Den Teig luftdicht abgedeckt für 2–3 Stunden gehen lassen, optional nach 1 Stunde einmal dehnen und falten. Das Volumen sollte sich verdoppelt haben.

Weiterverarbeitung: Den Teig auf eine gut bemehlte Arbeitsfläche geben und mit dem Teigspatel unter dem Teig etwas Mehl verteilen. Den Teig auf eine Größe von ca. 45 x 45 cm ausrollen. Er sollte dabei möglichst gleich dick sein. Damit der Teig nicht an der Arbeitsfläche klebt, immer wieder mit einem Teigspatel etwas Mehl unter den Teig bringen. Dann das Pesto und den geriebenen Parmesan gleichmäßig auf dem Teig verteilen, dabei einen Rand von 1,5 cm frei lassen. Nun den Teig von der hinteren Kante aufrollen.

Die Teigrolle mit der Teignaht nach unten legen. Die Teigrolle bis zur Mitte hin vertikal aufschneiden und die Stränge miteinander verdrehen, sodass die inneren Schichten sichtbar werden. Auf der anderen Seite wiederholen.

Die verdrehte Teigrolle nun zu einem Kranz legen. Dafür die beiden Enden miteinander verschlingen, sodass ein Kranz entsteht.

Zweite Gehzeit (Stückgare): 30–45 Minuten abgedeckt ruhen lassen.

Vorheizen: Den Backofen 45 Minuten vorher mit Backstahl und einem Blech zum Bedampfen auf 250 °C (Ober-/Unterhitze) vorheizen.

Backen: Vor dem Backen den Kranz noch mit geriebenem Parmesan bestreuen und auf den heißen Backstahl transportieren. Direkt schwaden und 10 Minuten bei 250 °C backen, dann die Backofentür öffnen und die Feuchtigkeit rauslassen, die Temperatur auf 235 °C senken und weitere 20 Minuten backen.

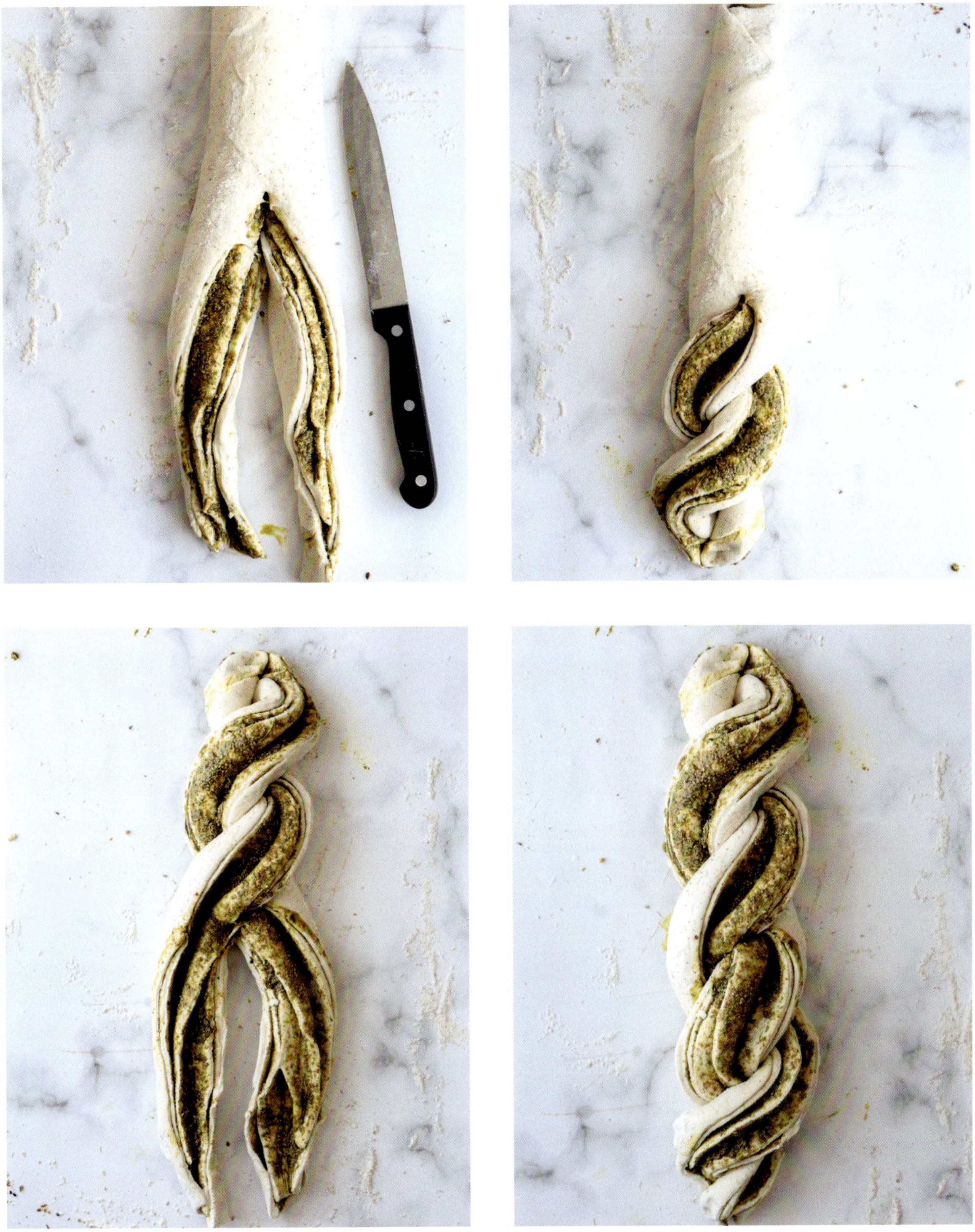

Spinat-Ricotta-Ringe

Die Spinat-Ricotta-Ringe sind supersoft und dabei sehr würzig und aromatisch. Sie eignen sich wunderbar zum Picknick, aber auch als Sandwich-Brötchen.

SCHWIERIGKEIT: ★☆☆ | PORTION: 8 RINGE | BACKZEIT: 20 MINUTEN

ZUTATEN

380 g Wasser (17–20 °C)

6 g frische Hefe

600 g Weizenmehl (Type 550)

13 g Salz

240 g Babyspinat

240 g Ricotta

Außerdem

geriebener Käse (nach Belieben)

ZUBEREITUNG

Spinat: Zuerst den Spinat waschen, trocken tupfen und grob hacken.

Teig: Alle Zutaten bis auf den Spinat 5 Minuten auf langsamer Stufe verkneten. Dann den grob gehackten Spinat hinzufügen und 2 Minuten langsam und weitere 3–5 Minuten schnell auskneten. Der fertige Teig ist recht weich.

Erste Gehzeit (Stockgare): Den Teig luftdicht abgedeckt 2–3 Stunden gehen lassen, bis sich das Teigvolumen verdoppelt hat. Optional einmal nach 1 Stunde dehnen und falten.

Weiterverarbeitung: Den Teig auf eine bemehlte Arbeitsfläche geben, vorformen und 15 Minuten entspannen lassen. Dann den Teig in 8 Portionen zu je 180 g einteilen. Jede Teigportion rund formen und noch mal kurz entspannen lassen. Dann in der Mitte bemehlen und mit zwei bemehlten Fingern einmal mittig durch die Teigkugel stechen. Die Öffnung mit den Fingern langsam auseinanderziehen und vergrößern, bis kleine Ringe (ähnlich wie Bagels) entstanden sind.

Zweite Gehzeit (Stückgare): Die Ringe auf ein Backpapier legen und abgedeckt 30 Minuten ruhen lassen.

Vorheizen: Den Backofen 45 Minuten vor dem Backen mit einem Backstahl und einem Blech zum Bedampfen auf 235 °C (Ober-/Unterhitze) vorheizen.

Backen: Wer mag, kann die Ringe vor dem Backen noch mit geriebenem Käse bestreuen. Die Ringe mit dem Backpapier auf den heißen Backstahl transportieren. Direkt schwaden und 10 Minuten bei 235 °C backen, dann die Backofentür öffnen und die Feuchtigkeit rauslassen und weitere 10 Minuten backen (Kerntemperatur mind. 97 °C).

Hinweis

Die Öffnungen der Ringe sollten groß genug sein, da sie sich während der Stückgare und dem Backen wieder etwas verkleinern.

Pitabrote

Pitabrote sind vielseitig einsetzbar. Ob als Mahlzeit direkt gefüllt oder für ein tolles Picknick unterwegs. Zubereiten kann man sie sowohl im Backofen als auch in der Pfanne. Wobei es hier etwas herausfordernder ist, die richtige Hitze zu finden, damit die Pitabrote schön aufgehen, aber nicht verbrennen.

SCHWIERIGKEIT: ★★★ | PORTION: 10 PITABROTE | BACKZEIT: 5 MINUTEN

ZUTATEN

380 g Wasser (17–20 °C)
6 g frische Hefe
570 g Weizenmehl (Type 550)
30 g Weizenvollkornmehl
13 g Salz

12 g Olivenöl

ZUBEREITUNG

Teig: Alle Zutaten bis auf das Öl vermischen und 2 Minuten langsam verkneten, dann das Öl langsam hinzugeben und gut einkneten, weitere 3 Minuten langsam und 5–8 Minuten schnell auskneten.

Erste Gehzeit (Stockgare): Den Teig luftdicht abgedeckt 2–3 Stunden gehen lassen. Optional nach 1 Stunde dehnen und falten. Das Ende der Gare ist erreicht, wenn sich das Teigvolumen verdoppelt hat.

Weiterverarbeitung: Den Teig auf eine bemehlte Arbeitsfläche geben, zu einer rechteckigen Form ziehen und nach Augenmaß in 10 gleich große Portionen teilen (jeweils ca. 100 g). Diese rund formen und abgedeckt 15 Minuten entspannen lassen. Abschließend zu dünnen Fladen von einer Dicke von 0,5–0,8 cm ausrollen.

Die Pitafladen können direkt gebacken werden.

Backen in der gusseisernen Pfanne: Die gusseiserne Pfanne gut vorheizen und dann die Hitze etwas reduzieren. Den Teigling von überschüssigem Mehl befreien und in die trockene Pfanne geben. Bei mittlerer Hitze ca. 2 Minuten backen, bis der Teig anfängt sich aufzublähen oder sich Blasen bilden. Dann das Pitabrot wenden und nochmals für 2–4 Minuten fertig backen.

Backen im Backofen: Den Backofen mit einem Backstein 45 Minuten auf 235 °C (Umluft) vorheizen. Die Pitabrote auf den heißen Backstein geben und die Temperatur auf 220 °C stellen. Ohne Schwaden ca. 5 Minuten backen.

Nach dem Backen in ein leicht feuchtes Geschirrtuch wickeln, damit die Pitabrote weich bleiben.

Zum Befüllen an einer Seite einen kleinen Rand abschneiden, sodass sich das Pitabrot öffnen lässt.

Herzhafte Fladen

Der **BasisTeig** als Grundlage, ergänzt durch Crème fraîche, Schinken und geriebenen Käse, ergibt einen leckeren Schmackofatz.

SCHWIERIGKEIT: ★★★

PORTION: 8 FLADEN

BACKZEIT: 13 MINUTEN

ZUTATEN

380 g Wasser (17–20 °C)

6 g frische Hefe

600 g Weizenmehl (Type 550)

13 g Salz

3 g Zucker

6 g Olivenöl

Außerdem

Crème fraîche

Schinkenwürfel

geriebener Käse (z. B. Gruyère)

ZUBEREITUNG

Teig: Alle Zutaten bis auf das Olivenöl 2 Minuten verkneten, dann das Öl langsam hinzufügen und weitere 5 Minuten langsam und 5 Minuten schnell auskneten. Fenstertest.

Erste Gehzeit (Stockgare): Den Teig luftdicht abgedeckt 2–3 Stunden gehen lassen. Optional nach 1 Stunde dehnen und falten. Das Ende der Gare ist erreicht, wenn sich das Teigvolumen verdoppelt hat.

Weiterverarbeitung: Den Teig auf eine bemehlte Arbeitsfläche geben und in 8 Portionen zu je 125 g einteilen. Jede Teigportion rund formen und 15 Minuten entspannen lassen. Dann zu länglichen Teigfladen ausrollen (0,8–1 cm Dicke). Diese auf ein Backpapier mit ausreichend Abstand setzen und direkt belegen, die Teiglinge benötigen keine zweite Reifezeit.

Zuerst werden die Fladen mit Crème fraîche bestrichen, wobei ein Rand von knapp 1 cm frei bleibt. Dann die Schinkenwürfel und den geriebenen Käse auf dem Teigfladen verteilen.

Belege nur die Fladen, die direkt gebacken werden, damit der Teig nicht durchweicht. Alle restlichen Teiglinge sollten luftdicht abgedeckt an einem kühlen Ort warten.

Vorheizen: Den Backofen 45 Minuten vor dem Backen mit einem Backstahl auf 250 °C (Ober-/Unterhitze) vorheizen.

Backen: Die Teiglinge mit dem Backpapier auf den heißen Backstahl transportieren. Ohne Schwaden 5 Minuten bei 250 °C backen, dann die Temperatur auf 230 °C senken und weitere 5–8 Minuten backen.

Focaccia

Focaccia ist ein wunderbarer Allrounder. Ob als Hauptmahlzeit, als Beilage oder zum Aperitif. Sie passt immer und ist so schön wandelbar, was das Topping angeht. Hast du schon mal eine Garden-Focaccia gesehen? Das sind richtige Kunstwerke – du kannst also mit deinen Zutaten auch ein Bild aus deiner Focaccia machen.

SCHWIERIGKEIT: ★★★ | PORTION: 1 FOCACCIA | BACKZEIT: 25 MINUTEN

ZUTATEN

380 g Wasser (17–20 °C)
1,5 g frische Hefe
600 g Weizenmehl (Tipo 00)
13 g Salz

12 g Olivenöl
40–60 g Wasser (kalt)

Außerdem
Olivenöl
Kirschtomaten
frischer Rosmarin
Fleur de Sel
rechteckige Form (33 x 23 cm)

ZUBEREITUNG

Teig: Alle Zutaten bis auf das zusätzliche Wasser und das Olivenöl vermischen, 2 Minuten langsam kneten, dann das Olivenöl langsam hinzufügen und gründlich verkneten. Weitere 3 Minuten langsam kneten und erst danach schluckweise das zusätzliche Wasser einkneten. Nur so viel weiteres Wasser hinzugeben, wie das Mehl aufnehmen kann.

Da der Teig recht weich wird, kann man hier vom Knethaken auf das Paddel wechseln. Weiter langsam kneten, bis das Wasser eingeknetet ist. Am Ende 5 Minuten schnell fertig auskneten. Der Teig sollte sich am Ende eindrehen und vom Schüsselrand lösen.

Erste Gehzeit (Stockgare): Den Teig in eine geölte Teigwanne geben, direkt einmal dehnen und falten. 1 Stunde anspringen lassen und anschließend den Teig luftdicht abgedeckt 12–24 Stunden im Kühlschrank (6–8 °C) gehen lassen. Das Teigvolumen sollte sich verdoppeln.

Weiterverarbeitung: Den Teig auf eine geölte Arbeitsfläche geben und von allen Seiten leicht zur Mitte übereinanderschlagen. Die Form mit einem Backpapier auslegen, den Teigling mit dem Schluss nach unten hineinsetzen und die Oberfläche einölen.

Zweite Gehzeit (Stückgare): Abgedeckt 2,5–3 Stunden gehen lassen, bis sich das Volumen deutlich vergrößert hat.

Vorheizen: Den Backofen 45 Minuten vor dem Backen mit einem Backstahl auf 250 °C (Ober-/Unterhitze) vorheizen.

Backen: Vor dem Backen noch mal Olivenöl auf dem Teig verteilen und mit den Fingern den Teig mehrfach eindrücken. Dann Tomatenhälften, Rosmarinnadeln und Salzflocken gleichmäßig verteilen. Die Focaccia in der Backform auf den heißen Backstahl transportieren. Temperatur auf 235 °C senken und ohne Schwaden 20–25 Minuten backen.

Tipp

In der Form auskühlen lassen, dann erst rausnehmen und am besten lauwarm genießen.

Knoblauchbrot
in Pain-d'épi-Form

Ein leckeres Knoblauchbrot mit einer besonders schönen Form. Das ist der Hingucker zu jeder Grilleinladung.

SCHWIERIGKEIT:	PORTION:	BACKZEIT:
★★★	2 KNOBLAUCHBROTE	25 MINUTEN

ZUTATEN

Für die Knoblauchbutter

120 g Butter

2 Knoblauchzehen

14 g Salz

2 TL edelsüßes Paprikapulver

Für den Teig

380 g Wasser (17–20 °C)

6 g frische Hefe

600 g Weizenmehl (Type 550)

13 g Salz

ZUBEREITUNG

Knoblauchbutter: Die Butter rechtzeitig aus dem Kühlschrank nehmen. Den Knoblauch fein hacken oder durch die Knoblauchpresse drücken und mit Salz und Paprika zur Butter geben. Alles verrühren, bis eine homogene Masse entstanden ist.

Teig: Alle Zutaten vermischen und 5 Minuten langsam und weitere 5–8 Minuten schnell fertig auskneten.

Erste Gehzeit (Stockgare): Den Teig luftdicht abgedeckt 2–3 Stunden reifen lassen, bis sich das Teigvolumen verdoppelt hat. Optional nach 1 Stunde dehnen und falten.

Weiterverarbeitung: Den Teig auf eine bemehlte Arbeitsfläche geben, vorformen und 15 Minuten entspannen lassen. Dann die Arbeitsfläche bemehlen und den Teig auf eine Größe von ca. 50 x 50 cm ausrollen und halbieren.

Anschließend beide Teige gleichmäßig mit der weichen Knoblauchbutter bestreichen, dabei einen Rand von 1 cm frei lassen und jeweils von der längeren Seite her aufrollen.

Die beiden Teigrollen mit der Teignaht nach unten auf ein Backpapier legen und die Enden spitz verschließen. Den Teigling bemehlen.

Zweite Gehzeit (Stückgare): Abgedeckt 30 Minuten reifen lassen.

Vorheizen: Den Backofen 45 Minuten vor dem Backen mit einem Backstahl und einem Blech zum Bedampfen auf 250 °C (Ober-/Unterhitze) vorheizen.

Backen: Vor dem Backen die Teigrolle wie ein Pain d'épi einschneiden: die Schere mittig ansetzen und einschneiden, aber nicht ganz durchschneiden. Die entstehenden Teigstücke mit der Spitze im Wechsel nach links und rechts drehen (S. 68).

Die Teiglinge mit dem Backpapier auf den heißen Backstahl legen. Die Temperatur auf 235 °C senken und schwaden, nach 10 Minuten die Backofentür öffnen und die Feuchtigkeit rauslassen, weitere 10–15 Minuten backen. (Kerntemperatur mind. 97 °C).

Hinweis

Hier auf jeden Fall auf einem Backpapier oder einer Dauerbackfolie backen, da die Butter beim Backen auslaufen kann.

Zupfbrot

mit Tomatenpesto

Das Zupfbrot ist eine tolle Mahlzeit, die ich dir hier mit einem Tomatenpesto zeige. Du kannst deiner Kreativität natürlich freien Lauf lassen und eine oder mehrere andere Füllungen verwenden.

SCHWIERIGKEIT: ★★☆ | PORTION: 1 ZUPFBROT | BACKZEIT: 35 MINUTEN

ZUTATEN

380 g Wasser (17–20 °C)
6 g frische Hefe
600 g Weizenmehl (Type 550)
13 g Salz

30 g Olivenöl

Außerdem
Tomatenpesto
geriebener Käse
Kastenform (24 x 11 x 8 cm)

Hinweis

Je nach Materialstärke der Kastenform kann die Backzeit von den gemachten Angaben abweichen.

ZUBEREITUNG

Teig: Alle Zutaten bis auf das Olivenöl vermischen, 2 Minuten kneten, dann das Olivenöl langsam unterkneten und 3 Minuten langsam verkneten, weitere 5–8 Minuten auf schneller Stufe fertig auskneten.

Erste Gehzeit (Stockgare): Den Teig luftdicht abgedeckt 2–3 Stunden reifen lassen. Optional nach 1 Stunde einmal dehnen und falten. Der Teig sollte sein Volumen nach der Gehzeit verdoppelt haben.

Weiterverarbeitung: Den Teig auf eine bemehlte Arbeitsfläche geben, vorformen und 15 Minuten entspannen lassen.

Dann den Teig rechteckig auf ca. 50 x 40 cm ausrollen und in 4 lange Streifen schneiden. Die Streifen in gleich große Teigstücke unterteilen. Die Größe der Teigstücke hängt von der Größe der verwendeten Kastenform ab. Jedes Teigstück mit Tomatenpesto bestreichen und mit geriebenem Käse bestreuen, wobei immer ein kleiner Rand frei bleibt.

Anschließend die Teigstücke zu kleinen Päckchen stapeln und mit den freien Teigflächen nach außen in die gefettete und bemehlte Kastenform setzen.

Zweite Gehzeit (Stückgare): Die Kastenform abdecken und den Teig 30-45 Minuten zur Gare stellen.

Vorheizen: Den Backofen 45 Minuten vor dem Backen mit einem Backstahl und einem Blech zum Bedampfen auf 250 °C (Ober-/Unterhitze) vorheizen.

Backen: Die Kastenform auf den heißen Backstahl stellen. Direkt schwaden und 10 Minuten bei 235 °C backen, dann die Backofentür öffnen und die Feuchtigkeit rauslassen. Wer mag, bestreut das Zupfbrot jetzt noch mit geriebenem Käse. Dann weitere 20–25 Minuten backen (Kerntemperatur mind. 97 °C).

Grissini

Ein leckerer Brotsnack aus dem **BasisTeig**. Wichtig ist hier, dass die Grissini gut trocken gebacken werden. Nur so bleiben sie lange haltbar und werden schön knusprig.

SCHWIERIGKEIT: ★★★ | PORTION: 40-50 GRISSINI | BACKZEIT: 20 MINUTEN

ZUTATEN

380 g Wasser (17–20 °C)
6 g frische Hefe
600 g Weizenmehl (Type 550)
13 g Salz

6 g Honig
25 g Olivenöl

Außerdem

geriebener Käse, Sesam ...

ZUBEREITUNG

Teig: Alle Zutaten bis auf das Olivenöl vermischen und 2 Minuten langsam kneten, dann das Olivenöl unterkneten und weitere 3 Minuten langsam und 5–8 Minuten schnell auskneten.

Erste Gehzeit (Stockgare): Den Teig luftdicht abgedeckt 2–3 Stunden reifen lassen. Optional nach 1 Stunde einmal dehnen und falten. Der Teig sollte sein Volumen am Ende der Gehzeit verdoppelt haben.

Weiterverarbeitung: Den Teig auf eine bemehlte Arbeitsfläche geben, vorformen und 15 Minuten entspannen lassen.

Dann den Teig auf eine Größe von 50 x 50 cm dünn ausrollen und dünne Teigstränge für die Grissini mit einem Pizzaroller oder mit einem scharfen Messer abschneiden.

Die Teigstränge mit etwas Abstand zueinander auf ein Backpapier legen.

Zweite Gehzeit (Stückgare): Abgedeckt 45 Minuten bei Raumtemperatur gehen lassen.

Vorheizen: Den Backofen auf 200 °C (Umluft) vorheizen.

Backen: Wer mag, kann die Stangen vor dem Backen noch mit Käse oder Sesam bestreuen oder auch zwei Stangen miteinander verdrehen. Die Brotstangen werden auf ein nicht aufgeheiztes Blech gegeben und bei 200 °C 10 Minuten gebacken. Dann die Backofentür öffnen, um vorhandene Feuchtigkeit aus dem Backofen abzulassen und die Stangen etwas drehen. Weitere 5–10 Minuten backen.

Hinweis

Die Grissini müssen komplett trocken gebacken sein, sonst ziehen sie wieder Feuchtigkeit und werden weich. Also gut abkühlen lassen und prüfen, ob sie trocken gebacken sind. Sonst noch mal kurz in den ausgeschalteten, aber noch warmen Backofen geben und nachtrocknen lassen.

Semola-Breadsticks

Diese Breadsticks sind schön weich und damit eine tolle Kombination zu einem leckeren Dip.

SCHWIERIGKEIT: ★★★

PORTION: 20-30 BREADSTICKS

BACKZEIT: 5 MINUTEN

ZUTATEN

380 g Wasser (17–20 °C)

6 g frische Hefe

600 g Semola (Hartweizenmehl)

13 g Salz

60 g frisch geriebener Parmesan

12 g Olivenöl (plus etwas mehr zum Bestreichen)

Außerdem

Sesam, Salz, geriebener Käse ...

ZUBEREITUNG

Teig: Alle Zutaten bis auf den Parmesan und das Olivenöl vermischen und 3 Minuten langsam verkneten, dann die restlichen Zutaten unterkneten, weitere 5 Minuten langsam und 3 Minuten schnell auskneten.

Erste Gehzeit (Stockgare): Den Teig luftdicht abgedeckt 2–3 Stunden reifen lassen. Dabei nach 1 Stunde optional dehnen und falten. Der Teig sollte sein Volumen am Ende der Gehzeit verdoppelt haben.

Weiterverarbeitung: Den Teig auf eine ganz leicht bemehlte Arbeitsfläche geben und in Portionen von je 30–50 g einteilen. Jede Teigportion zu einem Minizylinder aufrollen (S. 58) und kurz entspannen lassen. Anschließend zu einem langen Teigstrang ausrollen. Das geht am besten ohne Mehl auf der Arbeitsfläche. Zügig arbeiten, damit der Teig an der Oberfläche nicht austrocknet und rissig wird. Die Teiglinge bei Bedarf mit einer Folie abdecken.

Zweite Gehzeit (Stückgare): Die einzelnen Teigstränge mit etwas Abstand zueinander auf ein Backpapier legen, mit einem Leinentuch abdecken und 45 Minuten reifen lassen.

Vorheizen: Den Backofen 45 Minuten vor dem Backen auf 230 °C (Ober-/Unterhitze) mit einem Backstein vorheizen.

Backen: Vor dem Backen die Breadsticks mit Olivenöl bestreichen und mit Sesam, Salz oder geriebenem Käse bestreuen.

Die Brotstangen mit dem Backpapier auf den heißen Backstein geben, die Temperatur direkt auf 220 °C senken und ohne Dampf 5 Minuten backen.

Hinweis

Wer besonders weiche Breadsticks möchte, wickelt diese nach dem Backen in ein Geschirr- oder Leinentuch.

Paprika-Brotchips

Diese Brotchips sind schnell weggeknabbert, luftdicht verschlossen bleiben sie lange knusprig.

SCHWIERIGKEIT: ★★★

PORTION: CA. 100 CHIPS

BACKZEIT: 12 MINUTEN

ZUTATEN

380 g Wasser (17–20 °C)

6 g frische Hefe

600 g Hartweizenmehl (Semola)

13 g Salz

8 g edelsüßes Paprikapulver

12 g Olivenöl (plus etwas mehr zum Bestreichen)

Außerdem

Meersalz

ZUBEREITUNG

Teig: Alle Zutaten bis auf das Olivenöl 2 Minuten verkneten. Dann das Olivenöl unterkneten und weitere 5 Minuten langsam und 3–5 Minuten schnell ausknneten.

Erste Gehzeit (Stockgare): Den Teig luftdicht abgedeckt 2–3 Stunden gehen lassen. Optional nach 1 Stunde dehnen und falten. Das Ende der Gare ist erreicht, wenn sich das Teigvolumen verdoppelt hat.

Weiterverarbeitung: Den Teig auf eine leicht bemehlte Arbeitsfläche geben und in kleine Portionen von ca. 160–170 g teilen. Diese Teigportionen ganz dünn auf eine Dicke von 2 mm ausrollen. Wenn sich der Teig immer wieder zusammenzieht, kurz zur Seite legen und ein paar Minuten ruhen lassen und währenddessen mit einer anderen Teigportion weitermachen. Dann mit Olivenöl besteichen und mit Meersalz bestreuen.

Nun kann man den Teig entweder einfach in kleine Rechtecke oder Rauten schneiden oder für die Form der klassischen Brotchips mit einer runden Form ausstechen.

Die Teiglinge mit etwas Abstand zueinander auf ein Backpapier legen und mit einer Gabel mehrfach einstechen.

Es gibt keine weitere Gehzeit, die Brotchips können direkt gebacken werden.

Vorheizen: Den Backofen 20 Minuten vor dem Backen mit einem Backblech auf 200 °C (Umluft) vorheizen.

Backen: Die Chips werden auf das aufgeheizte Blech gegeben und bei 200 °C 10–12 Minuten, ohne Schwaden, gebacken. Bei Bedarf können sie noch im ausgeschalteten Backofen nachtrocknen.

Hinweis

Die Brotchips können in einer luftdicht verschlossenen Dose gelagert werden, müssen dafür aber ganz durchgetrocknet sein, sonst werden sie nach kurzer Lagerzeit wieder weich.

Brote fürs Frühstück

Der **BasisTeig** wird süß. Dazu werden ein paar der Grundzutaten ausgetauscht. So wird statt Wasser nun Milch verwendet und der Teig wird durch Butter und Eier für eine wattige und softe Krume ergänzt.

Außerdem kommt noch Zucker in den Teig. Durch den höheren Fett- und Zuckeranteil wird eine etwas höhere Hefemenge benötigt, damit die reichhaltigen und süßen Rezepte schön aufgehen.

Und noch ein Hinweis zum Backen: Die Kerntemperatur sollte im Vergleich zum Brot nur 94–96 °C betragen, eine höhere Kerntemperatur führt dazu, dass das Gebäck schneller trocken wird.

BRÖTCHEN ZUM FRÜHSTÜCK

Brioche-Toast

Ein leckerer, softer Brioche-Toast zum Frühstück ist einfach nur köstlich. Diese süße Variante des **BasisTeig** ist das Grundrezept für alle Rezeptvarianten in diesem Kapitel.

SCHWIERIGKEIT: ★☆☆

PORTION: **1 BRIOCHE-TOAST**

BACKZEIT: **40 MINUTEN**

ZUTATEN

Für die Eistreiche

1 Ei (Größe M)

Salz

Zucker

Für den Teig

380 g Milch (kalt)

3 g frische Hefe

600 g Weizenmehl (Type 550)

13 g Salz

60 g Zucker

2 Eigelb (Größe M)

60 g Butter

Außerdem

Kastenform (24 x 11 x 8 cm)

ZUBEREITUNG

Teig: Alle Zutaten bis auf die Butter vermischen und 2 Minuten langsam kneten. Dann die Butter in kleinen Stückchen zum Teig geben und weitere 8–10 Minuten auf langsamer Stufe und 4 Minuten auf schnellerer Stufe kneten.

Erste Gehzeit (Stockgare): Den Teig luftdicht abgedeckt 8 Stunden gehen lassen. Zur Optimierung und Stabilisierung den Teig optional zwei- bis viermal in den ersten 2 Stunden dehnen und falten. Das Teigvolumen sollte sich verdoppeln.

Weiterverarbeitung: Den Teig auf eine leicht bemehlte Arbeitsfläche geben und in 4–6 gleich große Teigportionen einteilen. Jede Teigportion rund formen. Eine Kastenform buttern und bemehlen und die Teiglinge darin verteilen. Je nach Größe und gewünschter Optik können die Teiglinge nebeneinander oder leicht versetzt angeordnet werden.

Zweite Gehzeit (Stückgare): Die Kastenform luftdicht abdecken und den Teig 1,5–2 Stunden bei Raumtemperatur zur Gare stellen.

Vorheizen: Den Backofen 35 Minuten vor dem Backen mit einem Backstahl auf 235 °C (Ober-/Unterhitze) vorheizen.

Backen: Für die Eistreiche das Ei mit je 1 Prise Salz und Zucker verquirlen. Vor dem Backen mit einem Pinsel die Teigoberfläche damit bestreichen.

Die Kastenform auf den vorgeheizten Backstahl setzen, ohne Schwaden 25 Minuten bei 235 °C backen. Temperatur auf 220 °C senken, das Brot aus der Form nehmen und ohne Form weitere 10–15 Minuten backen. Bei Bedarf von oben abdecken.

Tipp

Für frischen Brioche-Toast zum Frühstück kann man die zweite Gehzeit für 10–16 Stunden in den Kühlschrank verlegen. Achtung! Der Teig verdoppelt sich fast noch mal und sollte abgedeckt sein, aber genug Platz nach oben haben.

Milch-Quark-Brötchen

Diese süßen Brötchen sind so schön soft! Bei uns sind sie immer ganz schnell weg, mir schmecken sie mit ein wenig Stachelbeermarmelade am besten.

SCHWIERIGKEIT: ★☆☆

PORTION: **10 MILCH-QUARK-BRÖTCHEN**

BACKZEIT: **15 MINUTEN**

ZUTATEN

Für die Eistreiche

1 Ei (Größe M)

Salz

Zucker

Für den Teig

380 g Milch (kalt)

3 g frische Hefe

600 g Weizenmehl (Type 550)

13 g Salz

60 g Quark (40 % Fett)

30 g Honig

2 Eigelb (Größe M)

Außerdem

Hagelzucker, Mandelblättchen

ZUBEREITUNG

Teig: Alle Zutaten 8–10 Minuten auf langsamer Stufe und 3–5 Minuten auf schnellerer Stufe kneten.

Erste Gehzeit (Stockgare): Den Teig luftdicht abgedeckt 8 Stunden gehen lassen. Optional in den ersten 2 Stunden zwei- bis viermal dehnen und falten. Das Ende der Gare ist erreicht, wenn sich das Teigvolumen verdoppelt hat.

Weiterverarbeitung: Für die Eistreiche das Ei mit je 1 Prise Salz und Zucker verquirlen. Den Teig auf eine leicht bemehlte Arbeitsfläche geben und in 10 kleine Teigportionen von ca. 100 g einteilen. Jede Teigportion rund formen, auf ein Backpapier mit genügend Abstand legen und mit der Eistreiche bestreichen.

Zweite Gehzeit (Stückgare): Die Teiglinge abdecken und 1–1,5 Stunden reifen lassen.

Vorheizen: Den Backofen 35 Minuten vor dem Backen mit einem Backstahl und einem Blech zum Bedampfen auf 235 °C (Ober-/Unterhitze) vorheizen.

Backen: Vor dem Backen noch mal die Eistreiche auf die Teigoberfläche auftragen. Die Milchbrötchen zusätzlich mit Hagelzucker und Mandelblättchen dekorieren.

Die Teiglinge mit dem Backpapier auf den heißen Backstahl transportieren. Mit wenig Schwaden (30–40 ml Wasser) 10 Minuten bei 253 °C backen. Dann die Temperatur auf 220 °C senken und weitere 5 Minuten backen. Schwaden nicht ablassen! Die Kerntemperatur sollte 94 °C erreichen.

Hinweis

Die Kerntemperatur sollte im Vergleich zum Brot nur 94–96 °C betragen, eine höhere Kerntemperatur führt dazu, dass das Gebäck schneller trocken wird.

Schokobrötchen

Leckere schokoladige Brötchen zum Sonntagsfrühstück sind nicht nur ein Kindertraum.

SCHWIERIGKEIT: ★☆☆

PORTION: **16 SCHOKOBRÖTCHEN**

BACKZEIT: **15–18 MINUTEN**

ZUTATEN

Für die Eistreiche

1 Ei (Größe M)
Salz
Zucker

Für den Teig

380 g Milch (kalt)
3 g frische Hefe
600 g Weizenmehl (Type 550)
13 g Salz

60 g Zucker
1 Pck. Vanillezucker
2 Eigelb (Größe M)
60 g Butter
12 g Backkakao
160 g Callets (Zartbitter)

ZUBEREITUNG

Teig: Alle Zutaten bis auf die Butter, das Kakaopulver und die Callets vermengen, 3 Minuten langsam kneten, dann die Butter hinzufügen und weitere 5–8 Minuten auf langsamer Stufe verkneten. Abschließend die Callets und das Kakaopulver 3 Minuten auf schnellerer Stufe einkneten. Es entsteht ein marmorierter Teig.

Erste Gehzeit (Stockgare): Den Teig luftdicht abgedeckt 8 Stunden gehen lassen. Optional in den ersten 2 Stunden zweimal dehnen und falten. Das Ende der Gare ist erreicht, wenn sich das Teigvolumen verdoppelt hat. Durch das Kakaopulver kann sich die Gehzeit etwas verlängern.

Weiterverarbeitung: Den Teig auf eine leicht bemehlte Arbeitsfläche geben und in 16 gleichgroße Portionen von je ca. 80–85 g einteilen. Jede Teigportion rund formen und mit genügend Abstand zueinander auf ein Backpapier setzen.

Zweite Gehzeit (Stückgare): Die Teiglinge abdecken und 1–1,5 Stunden reifen lassen.

Vorheizen: Den Backofen 35 Minuten vor dem Backen mit einem Backstahl auf 230 °C (Ober-/Unterhitze) vorheizen.

Backen: Für die Eistreiche das Ei mit je 1 Prise Salz und Zucker verquirlen. Vor dem Backen die Teiglinge mit der Eistreiche bepinseln, dann bei 230 °C in den Backofen auf den heißen Backstahl geben und die Temperatur sofort auf 220 °C reduzieren. Ohne Schwaden 15–18 Minuten backen (Kerntemperatur 94 °C). Nicht zu lange backen, sonst werden die Brötchen trocken.

Für einen schönen Glanz die noch heißen Schokobrötchen mit etwas Wasser besprühen.

2-Farben-Toast

Dieser Streifentoast ist ein absolutes Highlight auf dem Frühstückstisch und erinnert mit seinem Muster ein bisschen an einen Marmorkuchen.

SCHWIERIGKEIT: ★★

PORTION: 1 TOAST

BACKZEIT: 40-45 MINUTEN

ZUTATEN

380 g Milch (kalt)
3 g frische Hefe
600 g Weizenmehl (Type 550)
13 g Salz

60 g Zucker
2 Eigelb (Größe M)
6 g Backkakao
60 g Butter

Außerdem
Milch
Kastenform (24 x 11 x 8 cm)

ZUBEREITUNG

Teig: Alle Zutaten bis auf das Kakaopulver und die Butter vermischen und 2 Minuten langsam verkneten. Dann die Butter in Stückchen unterkneten und weitere 5 Minuten auf langsamer Stufe kneten. Ist der Teig sehr weich, am besten vom Knethaken zum Paddel wechseln.

Nun den Teig für weitere 3–5 Minuten auf schnellerer Stufe fertig kneten. Jetzt wird der Teig halbiert und in eine Hälfte noch das Kakaopulver eingeknetet.

Erste Gehzeit (Stockgare): Beide Teige luftdicht abgedeckt 8 Stunden gehen lassen. Optional den Teig nach 1 und 2 Stunden dehnen und falten. Der Teig sollte sein Volumen verdoppeln.

Weiterverarbeitung: Beide Teige auf eine leicht bemehlte Arbeitsfläche geben und jeweils vorformen. 15 Minuten entspannen lassen. Dann die Teige flach drücken und jeweils zu gleich großen Rechtecken ausrollen. Nun den dunklen Kakaoteig mit einem kleinen Versatz auf den hellen Teig legen und von der kurzen Seite her aufrollen. Den aufgerollten Teig erneut in die Länge ausrollen und erneut aufrollen. Die Teigrolle mit dem Schluss nach unten in eine mit Backpapier ausgelegte Kastenform legen.

Zweite Gehzeit (Stückgare): Die Kastenform luftdicht abdecken und den Teig 1,5–2 Stunden bei Raumtemperatur zur Gare stellen.

Vorheizen: Den Backofen 35 Minuten vor dem Backen mit einem Backstein und einem Blech zum Bedampfen auf 235 °C (Ober-/Unterhitze) vorheizen.

Backen: Vor dem Backen die Teigoberfläche mit Milch bepinseln und die Oberfläche mehrfach mit leicht schräg verlaufenden Schnitten einschneiden.

Die Kastenform auf den vorgeheizten Backstein setzen, sofort schwaden und den Teigling 10 Minuten bei 235 °C backen. Nach 10 Minuten den restlichen Dampf ablassen, Temperatur auf 220 °C senken und weitere 25–30 Minuten backen. Am Ende den Toast aus der Form nehmen und ohne Form weitere 5 Minuten fertig backen (Kerntemperatur von 94–96 °C).

Hinweis

Die Kerntemperatur sollte im Vergleich zum Brot nur 94–96 °C betragen, eine höhere Kerntemperatur führt dazu, dass das Gebäck schneller trocken wird.

Zupfbrot mit Nussfüllung

Süßes Soulfood, das nicht nur zum Frühstück, sondern auch zum Nachmittagskaffee passt.

SCHWIERIGKEIT: ★★

PORTION: 1 ZUPFBROT

BACKZEIT: 50 MINUTEN

ZUTATEN

Für die Nussfüllung

100 g Marzipanrohmasse
200 g gemahlene Haselnüsse
100 g weiche Butter
60 g Rohrzucker

Für den Teig

380 g Milch (kalt)
3 g frische Hefe
600 g Weizenmehl (Type 550)
13 g Salz

40 g Zucker
40 g Butter

Außerdem

Milch
Kastenform (24 x 11 x 8 cm)

ZUBEREITUNG

Teig: Alle Zutaten bis auf die Butter 2 Minuten langsam kneten. Dann die Butter in Stücken hinzufügen und unterkneten. Weitere 5 Minuten langsam und 3–5 Minuten schneller kneten.

Erste Gehzeit (Stockgare): Den Teig luftdicht abgedeckt 8 Stunden gehen lassen und optional nach 1 und 2 Stunden dehnen und falten. Der Teig sollte sich verdoppeln.

Nussfüllung: Die Marzipanrohmasse grob reiben und mit den weiteren Zutaten in einem Mixer zu einer homogenen Masse verarbeiten.

Weiterverarbeitung: Den Teig auf eine bemehlte Arbeitsfläche geben, vorformen und 15 Minuten ruhen lassen. Dann auf eine Größe von 50 x 40 cm ausrollen.

Den Teig in 4 lange Streifen schneiden und diese in gleich große Teigstücke unterteilen. Die Größe der Teigstücke sollte an die Maße der Kastenform angepasst werden. Auf jedes Teigstück die Nussfüllung verteilen, dabei einen kleinen Rand lassen. Anschließend die Teigstücke zu kleinen Päckchen stapeln und mit den freien Teigflächen nach außen in die gefettete und bemehlte Kastenform setzen.

Zweite Gehzeit (Stückgare): Die Kastenform abdecken und den Teig 30–45 Minuten bei Raumtemperatur zur Gare stellen.

Vorheizen: Den Backofen 35 Minuten vor dem Backen mit einem Backstahl und einem Blech zum Bedampfen auf 220 °C (Ober-/Unterhitze) vorheizen.

Backen: Vor dem Backen die Teigoberfläche mit Milch bepinseln. Die Kastenform auf den vorgeheizten Backstahl setzen, sofort schwaden und den Teigling 10 Minuten bei 220 °C backen. Den restlichen Dampf ablassen, Temperatur auf 210 °C senken und weitere 15 Minuten backen. Das Zupfbrot abdecken und bei 200 °C 25 Minuten fertig backen.

Zimtwickel

Noch mehr kleine Köstlichkeiten. Diese süßen Klassiker schmecken nicht nur zum Sonntagsfrühstück, sie sind als süßes Fingerfood auch bestens für unterwegs geeignet.

SCHWIERIGKEIT: ★★☆

PORTION: CA. 16 ZIMTWICKEL

BACKZEIT: 20–30 MINUTEN

ZUTATEN

Für die Zimtbutter

80 g sehr weiche Butter

80 g Zucker

8 g Zimt

Für den Teig

380 g Milch (kalt)

3 g frische Hefe

600 g Weizenmehl (Type 550)

13 g Salz

40 g Zucker

40 g Butter

Außerdem

Milch, Hagelzucker

ZUBEREITUNG

Teig: Alle Zutaten bis auf die Butter 2 Minuten langsam verkneten. Dann die Butter unterkneten und weitere 5 Minuten langsam und 3–5 Minuten schnell fertig auskneten. Wenn der Teig zu weich ist, vom Knethaken auf das Paddel wechseln.

Erste Gehzeit (Stockgare): Den Teig luftdicht abgedeckt 8 Stunden gehen lassen, bis sich das Volumen verdoppelt hat. Optional nach 1 und 2 Stunden dehnen und falten.

Zimtbutter: Die sehr weiche Butter mit dem Zucker und dem Zimt zu einer homogenen Masse verrühren.

Weiterverarbeitung: Den Teig auf eine bemehlte Arbeitsfläche geben und vorformen. 15 Minuten entspannen lassen. Dann rechteckig auf eine Größe von ca. 50 x 40 cm ausrollen. Den Teig mit der Zimtbutter bestreichen und dabei an allen Seiten einen Rand von 1 cm lassen. Den Teig nun von der oberen Seite bis zur Mitte hin umschlagen und dann den Teig von der anderen Seite überschlagen. Diesen Teigstrang nun in 2,5 cm breite Streifen schneiden. Jeden Streifen einzeln nehmen, leicht in die Länge ziehen und um drei Finger einer Hand wickeln. Das Ende des Teigstranges unten in den Wickel stecken und die fertigen Knoten mit genügend Abstand zueinander auf ein mit Backpapier ausgelegtes Backblech setzen.

Zweite Gehzeit (Stückgare): Die Zimtknoten abdecken und 45–60 Minuten zur Gare stellen.

Vorheizen: Den Backofen auf 200 °C (Ober-/Unterhitze) vorheizen.

Backen: Direkt vor dem Backen die Zimtwickel mit Milch bestreichen und mit Hagelzucker bestreuen. Mit dem Backblech in den aufgeheizten Backofen geben und 20–30 Minuten bei 200 °C backen, kein Schwaden.

Tipp

Wer mag, kann die Zimtwickel nach dem Backen noch mit geschmolzener Butter bepinseln.

Süsse Focaccia

Diese süße Focaccia ist eine Art Kuchen, den man zum Frühstück oder auch als Nachtisch genießen kann. Besonders gut eignen sich dafür Aprikosen, Pfirsich, Zwetschgen, Kirschen und Mirabellen.

SCHWIERIGKEIT: ★☆☆

PORTION: 1 SÜSSE FOCACCIA

BACKZEIT: 25 MINUTEN

ZUTATEN

380 g Milch (kalt)

3 g frische Hefe

600 g Weizenmehl (Type 550)

13 g Salz

60 g Zucker

60 g Joghurt (3,5 % Fett)

12 g Olivenöl

Außerdem

geschmolzene Butter

Früchte nach Wahl (Aprikosen, Kirschen, Pflaumen oder Pfirsiche)

Hagelzucker

Backform (33 x 23 cm)

ZUBEREITUNG

Teig: Alle Zutaten bis auf das Olivenöl 2 Minuten langsam kneten, dann das Öl nach und nach hinzufügen und unterkneten. Weitere 5 Minuten langsam und 3–5 Minuten schnell fertig auskneten.

Erste Gehzeit (Stockgare): Den Teig luftdicht abgedeckt 8 Stunden gehen lassen, bis sich das Volumen verdoppelt hat. Den Teig optional in den ersten 2 Stunden zwei- bis viermal dehnen und falten.

Weiterverarbeitung: Den Teig auf eine bemehlte Arbeitsfläche geben. Er sollte sich schön „wollig" anfühlen und vorsichtig weiterverarbeitet werden, damit möglichst viel Gärgas im Teig bleibt. Dazu den Teig zweimal zur Mitte einschlagen und dann mit der Teignaht nach unten in eine gefettete und bemehlte Backform legen (33 x 23 cm).

Zweite Gehzeit (Stückgare): Den Teig luftdicht abgedeckt 2 Stunden bei Raumtemperatur gehen lassen, bis sich das Volumen deutlich vergrößert hat und Luftblasen im Teig zu sehen sind.

Vorheizen: Den Backofen mit Backstahl auf 235 °C (Ober-/Unterhitze) vorheizen.

Backen: Vor dem Backen den Teig mit geschmolzener Butter bestreichen und den Teig mit den Fingern mehrfach eindrücken, die Aprikosenhälften (oder andere Früchte nach Wahl) und den Hagelzucker gleichmäßig verteilen.

Focaccia in der Backform auf den heißen Backstahl stellen. Ohne Schwaden 10 Minuten bei 235 °C backen, dann die Backofentür öffnen und die Feuchtigkeit rauslassen, die Temperatur auf 210 °C senken und für weitere 10–15 Minuten backen.

Buchteln

Buchteln verströmen nicht nur einen zarten Vanilleduft, sondern sind auch wunderbar wattig und soft.

SCHWIERIGKEIT: ★☆☆

PORTION: **16 KLEINE BUCHTELN**

BACKZEIT: **25 MINUTEN**

ZUTATEN

380 g Milch (kalt)

3 g frische Hefe

600 g Weizenmehl (Type 550)

13 g Salz

60 g Zucker

1 Pck. Vanillezucker

2 g Vanillearoma

2 Eigelb (Größe M)

60 g Butter

Außerdem

Quitten-/Aprikosen-/Pflaumenkonfitüre

geschmolzene Butter

Puderzucker

Backform (33 x 23 cm)

ZUBEREITUNG

Teig: Alle Zutaten bis auf die Butter 2 Minuten langsam verkneten. Dann die Butter hinzufügen und unterkneten. Weitere 5 Minuten langsam und 3–5 Minuten schneller kneten. Der Teig ist recht weich, bei Bedarf vom Knethaken auf das Paddel wechseln.

Erste Gehzeit (Stockgare): Den Teig luftdicht abgedeckt 8 Stunden gehen lassen. Optional den Teig zweimal dehnen und falten, jeweils nach 1 Stunde.

Weiterverarbeitung: Den Teig auf eine leicht bemehlte Arbeitsfläche geben und in 16 gleich große Teigportionen von je ca. 70 g einteilen. Die Teigportionen rund formen und abgedeckt 15 Minuten entspannen lassen. Die Teigkugeln nun flach drücken, mittig einen Klecks Konfitüre daraufgeben und anschließend wieder von allen Seiten zusammenfalten und verschließen. Mit dem Schluss nach unten in die gebutterte Form setzen. Mit geschmolzener Butter bestreichen.

Zweite Gehzeit (Stückgare): Die Buchteln luftdicht abgedeckt 1–1,5 Stunden bei Raumtemperatur gehen lassen, bis sich das Volumen deutlich vergrößert hat.

Vorheizen: Den Backofen auf 200 °C (Ober-/Unterhitze) vorheizen.

Backen: Buchteln in der Backform auf einem Blech bei 200 °C für 20–25 Minuten ohne Schwaden backen. Nach dem Backen noch mal mit geschmolzener Butter bestreichen.

Die abgekühlten Buchteln mit Puderzucker bestäuben.

Miniglossar

DIE WICHTIGSTEN GRUNDBEGRIFFE AUS DEN REZEPTEN

ANSPRINGEN LASSEN:
Bezeichnet den Start und die Aktivierung des Reifeprozesses des Teiges bei warmen Temperaturen. Der weitere Reifeprozess findet dann bei kühlen Temperaturen, meist im Kühlschrank, statt.

AUTOLYSE:
Bei der Autolyse wird das Wasser mit dem Mehl kurz vermengt und ruht so abgedeckt für 30–60 Minuten. Dabei verquellen die Zutaten und das Teiggerüst beginnt sich zu entwickeln. Die eigentliche Knetzeit verkürzt sich dadurch. Außerdem kann der Teig das Wasser besser aufnehmen.

BRÜHSTÜCK:
Vorstufe zur Vorverquellung von Getreideerzeugnissen und Saaten, die mit kochendem Wasser übergossen werden.

DEHNEN UND FALTEN:
Vorgang zur Unterstützung der Teigentwicklung bei Weizen- und Dinkelteigen.

DIREKTE TEIGFÜHRUNG:
Alle Zutaten werden direkt zu einem Hauptteig verarbeitet, auch als All-In-Brote bezeichnet.

GARE:
Unterteilt sich in die erste Gehzeit, die Stockgare, bei der die Teigentwicklung stattfindet, und die zweite Gehzeit, die Stückgare, bei der der fertig geformte Teigling reift.

GÄRGASE:
Während der Gehzeit des Teiges entstehen durch die Hefe Gärgase, die den Teig aufgehen lassen.

FENSTERTEST:
Test zur Beurteilung des gekneteten Teiges und des entwickelten Teiggerüstes.

FINGERDRUCKTEST:
Test zur Beurteilung der Backreife eines Teiges.

INDIREKTE TEIGFÜHRUNG:
Der Teig wird in mehreren Schritten mit zusätzlichen Vorteigen oder Vorstufen hergestellt.

KRUME:
Das Innere des Brotes, der weiche Teil.

KRUSTE:
Das Äußere des Brotes, der harte Teil.

MEHLKOCHSTÜCK:
Ist eine Vorstufe, bei der Mehl und Wasser im Verhältnis 1:5 vermischt und aufgekocht werden. So entsteht eine Art Mehlpudding, mit dem man in gebundener Form viel Wasser in den Teig bringen kann.

MEHLTYPE:
Gibt anhand einer Nummer den Mineralstoffgehalt des Mehls in mg pro 100g an.

NULLTEIG:
Ist eine Vorstufe, die nur aus Getreideerzeugnis oder Saaten und Wasser besteht, jedoch kein Triebmittel enthält.

OFENTRIEB:
Bezeichnet die erste Backphase, in der das Gebäck an Volumen zunimmt.

POOLISH:
Weicher Vorteig, bestehend aus Mehl, Wasser und ein wenig Hefe, mit einem Mehl-Wasser-Verhältnis von 1:1.

SCHLUSS/TEIGNAHT:
Beim Formen des Teiges entsteht durch Überlappung eine Naht.

SCHÜTTFLÜSSIGKEIT:
Alle flüssigen Zutaten für den Teig.

SCHWADEN:
Bedampfen des Brotes während der ersten Backphase. Dazu werden ca. 60ml Wasser auf eine mit aufgeheizte feuerfeste Fotm geschüttet. Vorsicht Dampf!

STOCKGARE:
Erste Gehzeit, in der sich der Teig entwickelt. Ziel ist hier meist die Verdopplung des Teigvolumens.

STÜCKGARE:
Zweite Gehzeit, in der der fertig geformte Teigling bis zum Backen reift.

TEIGLING:
Fertig geformter Teig.

ÜBERKNETEN:
Wird ein fertig gekneteter Teig weiter geknetet, wird das gebildete Teiggerüst wieder zerstört und der Teig ist dann überknetet.

VORFORMEN:
Den Teig nach der Stockgare leicht in Form und Spannung bringen, um ihn auf die weitere Verarbeitung vorzubereiten. Dabei wird der Teig auf der bemehlten Arbeitsfläche von zwei Seiten übereinandergeschlagen und mit den Händen leicht rund geformt.

VORSTUFE:
Sind alle Teige, die vor dem eigentlichen Hauptteig hergestellt werden. Dazu zählen sowohl Vorteige als auch Nullteige.

VORTEIG:
Ein Teig, der vor dem eigentlichen Hauptteig hergestellt wird und der Verbesserung der Teigeigenschaften dient. Hefevorteige bestehen aus Mehl, Wasser und einer kleinen Menge Hefe.

ZWISCHENGARE:
Kurze Entspannungszeit zwischen dem Vorformen und dem finalen Formen des Teiges.

Register

Über die Autorin

Brotbacken ist für Maike von Richthofen seit Langem eine Passion. Vom einfachen Hefebrot über Sauerteigbrote bis hin zum leckeren Croissant backt sie alles selbst. Angefangen hat es mit der Liebe für mediterrane Brote. Geführt hat diese Leidenschaft 2020 zum eigenen Brotback-Blog: **justbread.de** – und der Name ist Programm. Hier möchte Maike vor allem Backanfänger*innen an die Hand nehmen und Schritt für Schritt mit gelingsicheren Rezepten zu den ersten leckeren Backergebnissen führen. Aus der Idee des einfachen Backens hat sie das Konzept des **BasisTeigs** entwickelt: ein einfaches Grundrezept, das sich vielseitig abwandeln lässt. So wird Brotbacken auch für Anfänger*innen alltagstauglich.

Danksagung

Ich möchte an dieser Stelle ein riesengroßes Dankeschön meiner Familie und vor allem meinem Lieblingsmenschen aussprechen! Ihr unterstützt mich immer so wunderbar in meiner Brot–Passion und gerade, wenn mal nicht alles perfekt läuft, seid ihr die besten Motivatoren, um weiterzumachen. Danke! Auch, dass ihr immer mit großer Begeisterung alle meine Backversuche und Rezeptentwicklungen verkostet habt, war für mich eine große Freude.

Über die Fotografin

Die Food-Fotografin und Autorin Katharina Traub brennt nicht nur für gutes Essen, sondern auch für dessen kunstvolle Inszenierung. Von künstlerischen Settings bis hin zu rustikalen und bodenständigen Bildern setzt sie Food stimmig in Szene. In ihrem Atelier und Studio in Stuttgart arbeitet sie mit hochwertigem Equipment und Keramiken erstlklassiger Künstlerinnen und Künstler. Ihr Portffolio ist unter foodartco.de zu finden.

Noch mehr Backbücher

OMA BACKT: HERZHAFT UND KÖSTLICH

ISBN 978-3-7459-1094-0

(D) 28,00 € / (A) 28,80 €

BROT – DIE KUNST DES BACKENS

ISBN 978-3-7459-1454-2

(D) 36,00 € / (A) 37,10 €

Impressum

Bibliografische Information der Deutschen Bibliothek.

Die Deutsche Bibliothek verzeichnet diese Publikation in der Deutschen Nationalbibliografie.

Detaillierte bibliografische Daten sind im Internet über http://www.dnb.de/ abrufbar.

Die im Buch veröffentlichten Aussagen und Ratschläge wurden von Verfasser und Verlag sorgfältig erarbeitet und geprüft. Eine Garantie für das Gelingen kann jedoch nicht übernommen werden, ebenso ist die Haftung des Verfassers bzw. des Verlags und seiner Beauftragten für Personen-, Sach- und Vermögensschäden ausgeschlossen.

EIN BUCH DER EDITION MICHAEL FISCHER

1. Auflage 2024

Cover: Sarah Lukic
Layout & Satz: Alexandra Wolf
Projektmanagement: Andrea Flor
Lektorat: Andrea Flor, Christine Birnbaum

BILDNACHWEIS
Fotografie: © Katharina Traub, Ruppertshofen
Leinenstruktur (hell): © ArtKio/Shutterstock;
Leinenstruktur (dunkel): © Photografeus/Shutterstock
Illustrationen: Ähren (im gesamten Buch): © Kalinin Ilya/ Shutterstock; S. 16, 18 und 30: © Bhavya Bhavya

ISBN 978-3-7459-1455-9

Gedruckt bei C&C Offset Printing Co., LTD., 14/F, C&C Building, 36 Ting Lai Road, Tai Po, N. T. Hong Kong, China

www.emf-verlag.de